Marcel Brouillard

Les grandes chansons

Tome 1

Les Éditions Goélette inc.

Dépôts légaux:
Troisième trimestre 2005
Bibliothèque nationale du Québec
Bibliothèque nationale du Canada

© Les Éditions Goélette inc.
600, boulevard Roland-Therrien
Longueuil (Québec) Canada J4H 3V9
Téléphone: (450) 646-0060
Télécopieur: (450) 646-2070

Rédaction : Isabelle Sauriol
Infographie : Dominique Roy
Coordination : Esther Tremblay

Artistes de la première couverture :
(dans le sens des aiguilles d'une montre)
Henri Salvador
Marie Denise Pelletier
Juliette Gréco
Roch Voisine

Imprimé au Canada

ISBN: 2-922983-47-1

INTRODUCTION

« C'est à travers les chansons populaires que chantent et qu'ont chantées les peuples, que se retrouvent les sentiments et les émotions du pays, aussi bien dans les malheurs qu'aux époques ensoleillées.»

Maurice Chevalier

Combien de fois avons-nous entendu dire : Depuis que tu as chanté cet air, je ne cesse d'y penser. Il nous trotte dans la tête des heures et des jours et si, par hasard, on le chante à voix haute, des gens de notre entourage s'en saisissent à leur tour. Et voilà la clé de la popularité d'une mélodie.

Cet ouvrage se veut un outil destiné à faire mieux connaître les auteurs, compositeurs et interprètes qui ont consacré leur vie à écrire les paroles et la musique de refrains inoubliables, mais aussi de les chanter sur tous les continents. Il s'agit là d'un premier tome destiné au grand public, au sein duquel on compte plus de 150 000 choristes au Québec et 350 000 en France.

Fidèle miroir de la société, les refrains franchissent les frontières, se retrouvent sur toutes les lèvres. Joyeux, tristes, entraînants, ils nous permettent souvent de décrocher de la dure réalité, de rêver, de nous souvenir... Porteuse de messages, la chanson nous fait réfléchir. «Elle est dans le quotidien de chacun», comme le disait si bien Barbara.

Le métier de plusieurs est de faire connaître la chanson en répandant la joie, le bonheur, la sérénité et l'espoir. «Si la foi soulève les montagnes, écrit Raymond Lévesque, les chansons soulèvent les foules, bercent les rêves, brisent l'ennui et rendent la vie plus belle.»

Alain Delorme, éditeur

1913

SOUS LES PONTS DE PARIS

Paroles
Jean Rodor

Musique
Vincent Scotto

Interprètes

Vicky Authier
Joséphine Baker
Maurice Chevalier
André Claveau
Les Compagnons de la chanson
André Dassary
Suzy Delair
Lucienne Delyle
Charles Dumont
Annie Flore
Fernand Gignac
Zizi Jeanmaire
Eartha Kitt
René-Louis Lafforgue
Jack Lantier
Michel Legrand
Francis Lemarque

COLETTE RENARD

Lina Margy
Patachou
Luciano Pavarotti
Hector Pellerin
Jen Roger

SOUS LES PONTS DE PARIS

Pour aller à Suresnes,
Ou bien à Charenton,
Tout le long de la Seine,
On passe sous les ponts.
Pendant le jour
Suivant son cours
Tout Paris en bateau défile,
L'cœur plein d'entrain,
Ça va, ça vient,
Mais l'soir lorsque tout dort
tranquille...

(Refrain)

Sous les ponts de Paris,
Lorsque descend la nuit,
Tout's sort's de gueux se
faufil'nt en cachette
Et sont heureux
de trouver une couchette
«Hôtel du courant d'air»,
Où l'on ne paye pas cher
L'parfum et l'eau c'est pour
rien, mon Marquis
Sous les ponts de Paris.

À la sortie d'l'usine,
Julot rencontre Nini,

Ça va-t-il? la rouquine,
C'est ta fête aujourd'hui.
Prends ce bouquet,
Quelqu's brins d'muguet,
C'est peu mais c'est tout' ma
fortune,
Viens avec moi,
J'connais l'endroit,
Où l'on n'craint mêm'pas
l'clair de lune.

(Refrain)

Sous les ponts de Paris,
Lorsque descend la nuit,
Comme il n'a pas d'quoi
s'payer une chambrette,
Un couple heureux vient
s'aimer en cachette
Et les yeux dans les yeux,
Faisant des rêves bleus,
Julot partage
les baisers de Nini
Sous les ponts de Paris.

Rongée par la misère,
Chassée de son logis,
L'on voit un' pauvre mère

8

Avec ses trois petits.
Sur leur chemin,
Sans feu ni pain,
Ils subiront leur sort atroce.
Bientôt la nuit,
La maman dit :
«Enfin ils vont dormir mes gosses»

(Refrain)

Sous les ponts de Paris,
Lorsque descend la nuit

Viennent dormir là tout près de la Seine
Dans leur sommeil ils oublieront leur peine
Si l'on aidait un peu
Tous les vrais miséreux
Plus de suicid's ni de crimes dans la nuit
Sous les ponts de Paris.

Marcel Brouillard, auteur du livre, et Colette Renard

SOUS LES PONTS DE PARIS

1913

Qui n'a pas déjà repris en chœur les trois refrains de cette chanson presque centenaire? Depuis sa création en 1913, des centaines d'interprètes ont chanté *Sous les ponts de Paris,* ou l'ont enregistrée sur 78, 33 ou 45 tours et sur disques compacts. Vincent Scotto fut, avant Eddy Marnay et Pierre Delanoë, une véritable institution.

À défaut d'accéder au vedettariat par ses talents de chanteur, Jean Rodor (1881-1967) compose les paroles de centaines de chansons, *Ramuntcho,* destinée à André Dassary, *Écoutez les mandolines* et *Tarentelle* pour Tino Rossi ou *Sous les ponts de Paris* écrite pour Georgel.

Parolier remarquable, Jean Rodor a une idée de génie : il s'associe à Vincent Scotto (1876-1952), excellent guitariste et grand mélodiste de la belle chanson française ayant à son actif plus de 4 000 titres. Toutes les vedettes de ces temps-là s'arrachent les succès de Scotto, que ce soit Félix Mayol, Fernandel, Lucienne Boyer ou Georges Chelon.

Vincent Scotto a écrit, entre autres, la musique de *J'ai deux amours* et *La petite Tonkinoise* pour Joséphine Baker. Ce fut le début d'une gigantesque production de diamants de la chanson. La liste de ses œuvres passées à la postérité est fort impressionnante : *La java bleue* (Fréhel), *Les mômes de la cloche* (Monique Morelli), *Le plus beau tango du monde* (Alibert).

Georgel (1895-1949), de son vrai nom Georges Jobe, est bel et bien le créateur de *Sous les ponts de Paris*. Avec sa voix chaude, son excellente diction et son caractère avenant, ce prince des cafés-concerts fait merveille. Dans toutes les fêtes populaires, tout le monde entonne ce thème incontournable. Mais c'est Maurice Chevalier qui contribuera à le rendre inoubliable en le greffant à tous ses spectacles. Colette Renard suivra son exemple. Depuis sa création en 1913, chaque décennie est marquée par des chanteurs qui ont intégré cette chanson de Jean Rodor et Vincent Scotto dans leur tour de chant. Au Québec, Hector Pellerin et Jen Roger ont fait en sorte que l'on ne l'oublie pas.

COLETTE RENARD

Née Colette Rager, le 1er novembre 1924,
à Ermont (France)

*I*nstallée à Paris avec ses parents et son frère Michel, Colette Renard étudie le violoncelle et le chant classique. Pendant l'Occupation, elle est tour à tour vendeuse, cuisinière, fleuriste, puis elle décroche un emploi de dactylo pour le chef d'orchestre Raymond Legrand qu'elle épousera en 1960. Elle fait ses débuts en 1947 Chez ma cousine, à Montmartre, et chante par la suite au cabaret de Jean Rigaux, le Varet, en compagnie de Léo Ferré.

Plus tard, Colette Renard jouera le rôle principal d'*Irma la douce*, une comédie musicale de Marguerite Monnot et Alexandre Breffort. De 1956 à 1967, la chanteuse aux cheveux roux, au regard espiègle et au ton gouailleur se transformera en Irma à près de mille reprises. Devant un tel succès, les Américains adaptent la comédie au cinéma avec l'actrice Shirley MacLaine.

Dans les années 60, Colette envahit littéralement l'Olympia et Bobino, s'y produisant à maintes reprises. En 1962, elle obtient le Grand Prix du disque. Et Colette Renard de devenir l'ambassadrice de la chanson française, que ce soit en URSS, au Japon ou dans les Amériques. En 1963 et 1964, elle est en grande vedette à la Porte Saint-Jean, à Québec. En 1969, elle chante à Montréal, à la Comédie Canadienne, à la Place des Arts et dans les plus grandes salles du Québec, sous l'aile protectrice de l'imprésario Jean-Pierre Dréan.

Aux grands music-halls, Colette Renard, chanteuse de faubourg par excellence, préfère les salles plus intimes de Paris, que ce soit au Théâtre Daunou, à La Potinière, à la Resserre du diable ou au Théâtre de Dix Heures où elle fait ses premiers adieux en 1989.

Colette est toujours heureuse de chanter *Mon homme est un guignol, Le marin et la rose, Croquemitoufle, Sous les ponts de Paris*. Il lui arrive souvent de reprendre *Jack Monnoloy,* de Gilles Vigneault, et *La scène*, de Claude Léveillée. Elle ne refuse pas non plus d'interpréter des chansons gaillardes comme *La femme du roulier, Les nuits d'une demoiselle, Le 31 du mois d'août...*

La chanson libertine n'est pas née au XVIIIe siècle, sous le règne de Louis XV, le plus galant des rois de France; elle existait bien avant. Les troubadours écrivaient eux-mêmes des refrains frisant la grivoiserie. Colette Renard nous fait voir que nos aïeux ne s'embarrassaient pas de phrases vaines et prétentieuses; ils appelaient un chat... un chat!

Tout au long de sa carrière, Colette Renard a également trouvé le temps de jouer dans plusieurs téléséries et de faire du théâtre, de la comédie musicale et du cinéma. Elle a tourné dans une dizaine de films, à commencer par Étoiles sans lumières, en 1946, où elle donnera la réplique à Édith Piaf et Yves Montand, qu'elle considère comme un frère. Elle a été récompensée par plusieurs Grands Prix de l'Académie Charles-Cros.

Dans *Raconte-moi ta chanson*, publié en 1998, Colette Renard évoque les joies intenses de sa vie en compagnie de sa fille Annabelle. C'est l'histoire émouvante et drôle d'une femme déterminée qui a lutté de toutes ses forces pour vivre ses rêves d'enfant.

En 1998, Colette Renard est remontée sur scène au Théâtre de Dix Heures, dans le Pigalle qu'elle aime tant; elle a ainsi toujours chanté le côté pittoresque de ce quartier chaud et animé de Paris. En septembre 2002, elle a accepté de donner quelques concerts au Théâtre Déjazet, à la demande insistante de ses admirateurs qui n'acceptent pas sa retraite définitive de la scène.

En janvier 2003, Colette Renard est sortie de nouveau sur la place publique pour présenter son merveilleux album intitulé : Ceux qui s'aiment (Délices poétiques, insolences parisiennes et mélodies mélancoliques). La voilà sous les feux de la rampe dans une blondeur toute fraîche, élégamment vêtue. Cette légende vivante de la chanson populaire des années 50 suscite toujours autant d'admiration.

Dans ce nouvel album, Colette étonne encore et nous fait vibrer avec sa voix puissante, ensorceleuse. Elle interprète à ravir *Môme caniche*, une fantaisie québécoise de Bernard Clavel, sur une musique de Francis Lemarque. Elle signe trois beaux textes mis en musique par François Rauber, compagnon de route de toute la carrière de Jacques Brel. D'autres titres retiennent notre attention : *Déborah, Minuit sur la grève, Avons-nous pris le temps, Greta Marlene*. La créatrice d'Irma la douce n'a pas fait son dernier tour de piste.

1931

LE CHALAND
QUI PASSE

Paroles		Musique
André de Badet		C. Andrea Bixio

Interprètes

Dalida
Lys Gauty
Fernand Gignac
Jack Lantier
Jean Lumière
Patachou
Colette Renard
Tino Rossi
Bernard Simon
...

MARIE DENISE PELLETIER

LE CHALAND QUI PASSE

La nuit s'est faite, la berge
S'estompe et se perd
Seule, au passage une
auberge
Cligne ses yeux pers
Le chaland glisse, sans trêve
Sur l'eau de satin
Où s'en va-t-il ?... Vers quel
rêve ?
Vers quel incertain
Du destin ?...

(Refrain)

Ne pensons à rien...
le courant
Fait de nous toujours des
errants
Sur mon chaland, sautant
d'un quai
L'amour peut-être s'est
embarqué...
Aimons-nous ce soir sans
songer
À ce que demain peut
changer

Au fil de l'eau point de
serments
Ce n'est que sur terre
qu'on ment !

Ta bouche est triste et
j'évoque
Ces fruits mal mûris
Loin d'un soleil qui provoque
Leurs chauds coloris
Mais sous ma lèvre enfiévrée
Par l'onde et le vent,
Je veux la voir empourprée
Comme au soleil levant
Les auvents...

(Au refrain)

LE CHALAND QUI PASSE

1931

Grâce aux paroles d'André de Badet et à l'interprétation intelligente de Lys Gauty, *Le chaland qui passe* restera, au fil des décennies, omniprésente dans la mosaïque des airs populaires que l'on n'oublie pas, que l'on fredonne toujours sans savoir comment cette chanson est née. Depuis 1933, Tino Rossi, Patachou et Colette Renard ont popularisé cette rengaine considérée comme un classique du genre.

Dans son album *Plaisir d'amour*, Marie Denise Pelletier en a fait une réussite, 70 ans après la création de cette chanson. Servie par une voix unique, la chanteuse québécoise allie tendresse et émotion pour créer un large courant qui rallie les nostalgiques.

À l'orée de 1930, Lys Gauty, de son nom véritable Alice Gautier, rompt avec le chant classique pour aborder la chanson populaire. À son nouveau répertoire, elle inscrit *J'aime tes grands yeux, Dis-moi pourquoi, Le bistro du port*. Elle inaugure l'ABC, nouveau cénacle du music-hall parisien, poursuit son ascension à l'Empire et à l'Alhambra avec en tête de liste : *Le chaland qui passe* et *Le bonheur est entré dans mon cœur*.

Avec ses grands yeux clairs lumineux, la petite robe toute simple qu'elle porte, Lys Gauty est une chanteuse réaliste et capable, autant à la scène qu'au cinéma, d'émouvoir ses auditoires. La simplicité est sa seule parure. Le cinéaste René Clair lui fait enregistrer sa chanson *À Paris dans chaque faubourg*, retenue pour son film Quatorze juillet. En 1938, Lys Gauty obtient le Grand Prix du disque avec *l'Opéra de quat' sous.*

Mais des événements dramatiques se préparent en Europe. Dès l'amorce du conflit, Lys Gauty part en tournée en Amérique du Sud, décision que les Français vont d'ailleurs lui reprocher. Durant l'Occupation, on lui interdit de monter sur scène à Paris. Cette éclipse sera coûteuse à sa carrière. Elle prendra la direction d'un casino de la Côte d'Azur.

À Nice où elle s'installe en permanence, elle ouvre une école de chant. Comme dans toute fin heureuse, elle fait des adieux définitifs au music-hall à la fin des années 1950, mais la relève, surtout féminine, s'annonce brillante avec Line Renaud (*Que sera sera*), Dalida (*Bambino*), Dominique Michel (*Une petite Canadienne*), Colette Renard (*Irma la douce*). Lors du décès de Lys Gauty, en 1993, la presse française a presque ignoré la disparition de cette grande dame de la chanson. C'est bien dommage!

MARIE DENISE PELLETIER

Née le 3 avril 1960, à Montréal (Québec)

*C*adette d'une famille de cinq enfants, trois frères et une
sœur, Marie Denise Pelletier naît dans un milieu modeste qui a du mal à boucler les budgets hebdomadaires.
Son père, Maurice, a d'abord, durant 14 ans, exercé le
métier de cordonnier avant de trouver du travail dans une
fonderie où il trimera dur jusqu'à sa retraite. Il aurait voulu
devenir chanteur ou comédien. Son épouse, Aline, dotée
d'une riche voix de soprano, rêvait aussi de faire carrière.
Une consolation pour le couple : leur fille Marie Denise
chante dans les salles paroissiales et les festivals de toutes
sortes.

Évoquant cette période, elle se souvient de sa facilité à
se familiariser avec un air et le rythme d'une chanson. «J'en
écoutais une à la radio ou dans un juke-box du restaurant
du coin, elle s'imprégnait dans ma tête, ma mémoire l'en-
registrait. C'était pour moi un jeu d'enfant et une façon
d'élargir mon répertoire.»

Étudiante en littérature et en cinéma au Cégep de
Rosemont, Marie Denise frappe à la bonne porte en s'ins-
crivant à l'école de chant de Lucille Dumont. En 1982, elle
remporte le Prix d'interprétation du Festival international
de la chanson de Granby avec *Si les bateaux* de Gilles
Vigneault, et la première place d'un concours destiné à la
relève organisé par CKMF-FM. Plutôt que de faire carrière

en solo, elle choisit de juxtaposer son talent à celui du groupe Musical Digital Print.

En 1985, Marie Denise enregistre un premier 45-tours (*Échec et Mat*) et songe sérieusement à s'initier au jazz, au Berklee College à Boston. C'est dans son nouvel environnement que Luc Plamondon la remarque et lui donne le rôle de Stella Spotlight dans la deuxième édition québécoise de l'opéra-rock Starmania. Elle suit une voie similaire à celle de sa cousine, Fabienne Thibeault. En 1986, elle enregistre l'album *Premier contact* dans lequel on retrouve quelques-unes de ses compositions. La radio l'épaule en faisant tourner *T'es pas Brando, Parti pour Vancouver, En courant, Feu vert.*

À 27 ans, avec *Tous les cris, les s.o.s.* de Daniel Balavoine (1952-1986), elle envisage un séjour à Paris où Michel Drucker la reçoit cordialement à son émission télévisée Champs-Élysées. Peu après le lancement de deux albums, *À l'état pur* (1987) et *Survivre* (1989), Marie Denise gagne ses épaulettes et le statut de vedette. Ses chansons *Pourquoi (Si difficile d'aimer), L'amie de cœur, Pour une histoire d'un soir, Manquer d'amour,* confirment son indéniable talent enrichi en cours de route par différentes expériences sentimentales dont certaines sont éprouvantes.

Avec son album lancé en 1991, *Le rendez-vous,* un hommage à la chanson québécoise, Marie Denise a trouvé un excellent filon. Elle remet en mémoire des succès de toujours : *Quand les hommes vivront d'amour* (Raymond Lévesque), *Avril sur mars* (Robert Charlebois), *J'ai quitté mon île* (Daniel Lavoie), *Ton visage* (Jean-Pierre Ferland), *Le ciel se marie avec la mer* (Jacques Blanchet). La chanteuse aux cheveux couleur de feu voyage au gré des goûts et des courants et se laisse porter par l'air du temps.

Au nom de l'amour, un appel à la compassion et à la solidarité, autre album diffusé en 1993, a pour but d'aider les victimes du sida. Elle s'implique dans une croisade contre une maladie qui sera longue et coûteuse en vies humaines. En septembre de la même année, au Zénith de Paris, on lui décerne le Grand Prix du concours Eurovision pour *Inventer la terre*. Avec son disque *Entre la tête et le cœur*, elle remporte le Félix du meilleur album populaire.

Les années passent. Trop vite. En 1995, elle effectue une tournée qui la mènera dans 100 villes. À 35 ans, en pleine maturité et possession de tous ses atouts, elle connaît la consécration, comme ce fut le cas, à cet âge-là, pour Charles Aznavour, Petula Clark, Félix Leclerc. Son album *Le sixième jour* comble de joie ses nombreux admirateurs avec *Où irons-nous demain ?*, *Partie de loin*, mais aussi *Corsica*, de Guelfucci, qu'elle met au menu lors de ses tournées de concerts et, plus tard, au Festival des vents de la Corse, à Ajaccio.

Au Vietnam, lors du Festival des arts de la francophonie qui se tint à Hanoï en 1997, Marie Denise Pelletier porte les couleurs du Québec. On réserve une ovation enthousiaste à cette ambassadrice hors du commun. Très en demande dans son milieu, elle récolte un retentissant succès au Casino de Montréal, en 1997, dans le cadre des FrancoFolies et à la Place des Arts où elle se retrouve pour charmer son public avec son album *Les grandes ballades*.

Sa carrière se poursuit dans une belle continuité. Christine Blais, dans *La Presse*, la compare à Barbra Streisand. «Je travaille à mon rythme, raconte Marie Denise, soucieuse de mon équilibre, de mon harmonie et de ma santé. Je vis en pleine nature dans les Laurentides. Je prends le temps de m'occuper de ma famille, des gens qui me sont chers. À vrai dire, je suis privilégiée. En retour de tout ce que l'on me donne, je peux moi aussi offrir beaucoup à ceux que j'aime.»

En 2000, elle entreprend une autre tournée pour faire connaître son album *Plaisir d'amour*, réalisé par le grand pianiste André Gagnon. Elle est portée aux nues, lors de ses concerts avec l'Orchestre symphonique de Québec, et lors de ses nombreux spectacles au Théâtre du Casino du Lac-Leamy et au Cabaret du Casino de Montréal, en 2002. Cette année-là, elle joue la nourrice dans *Roméo et Juliette* pour une série de 70 représentations.

Pendant plusieurs mois, en 2003, Marie Denise se consacre à l'enregistrement de son neuvième album, *Les mots de Marnay,* en hommage au célèbre parolier disparu Eddy Marnay. Treize de ces diamants, dont *Cent mille chansons, Les moulins de mon cœur, La valse des lilas,* sont divinement chantés par la brillante interprète.

À l'hiver 2004, Marie Denise présente son dixième album, une compilation de ses plus belles chansons et une interprétation inédite de *Dis-moi ce qui ne va pas,* d'Enrico Macias. Il faut bien le dire : la carrière de madame Pelletier est au beau fixe, en 2005, dans toute la francophonie et prend de l'expansion ailleurs dans le monde.

1946

PIGALLE

Paroles

Georges Ulmer
Georges Koger

Musique

Guy Luypaerts
Georges Ulmer

Interprètes

Isabelle Aubret
Petula Clark
Les Compagnons de la chanson
Johnny Desmond
Danny Kaye
Pigalle (groupe rock)
Colette Renard
Jean Sablon
Tohama
…

GEORGES ULMER

PIGALLE

C'est un' rue
C'est un' place
C'est même tout un quartier
On en parle, on y passe
On y vient du monde entier
Perchée au flanc de Paname
De loin, elle vous sourit
Car elle reflète l'âme
La douceur et l'esprit
de Paris

(Refrain)

Un p'tit jet d'eau
Un' station de métro
Entourée de bistrots,
Pigalle.
Grands magasins
Ateliers de rapins
Restaurants de rupins,
Pigalle.

Là, c'est l'chanteur
des carr'fours
Qui fredonn' les succès du
jour
Ici, l'athlète en maillot
Qui soulèv' les poids d'cent
kilos

(Refrain)

Hôtels meublés
Discrèt'ment éclairés
Où l'on n'fait que passer
Pigalle.
Et vers minuit
Un refrain qui s'enfuit
D'une boîte de nuit,
Pigalle.

On y croise
Des visages
Communs et sensationnels
On y parle des langages
Comme à la tour de Babel
Et quand vient le crépuscule
C'est le grand marché
d'amour
C'est le coin où déambulent
Ceux qui prennent la nuit
pour le jour

(Refrain)

Girls et mann'quins,
Gitans aux yeux malins
Qui lisent dans les mains,
Pigalle

24

Clochards, cam'lots
Tenanciers de bistrots
Trafiquants de coco,
Pigalle

P'tit's femm's qui vous
sourient
En vous disant :
"Tu viens chéri ?"
Et Prosper qui dans un coin
Discrèt'ment surveill' son
gagn' pain

(Refrain)

Un p'tit jet d'eau
Un' station de métro
Entourée de bistrots,
Pigalle
Ça vit, ça gueul'
Les gens diront c'qu'ils
veul'nt
Mais au monde y a qu'un
seul
Pigalle.

© Éditions Salvet/EMI Music Publishing
1946

25

PIGALLE

1946

Peu après la Deuxième Guerre mondiale, Georges Ulmer écrit les paroles de *Pigalle* avec l'aide de Georges Koger, et la musique de concert avec le compositeur et chef d'orchestre Guy Luypaerts qui a été aussi l'accompagnateur de Jean Sablon, Édith Piaf et Lucienne Boyer sur scène et dans les studios d'enregistrement. Ce gai refrain arrive à point dans cette France en pleine mutation.

Pendant toute sa carrière, Georges Koger (1895-1975) a énormément contribué à assurer la renommée de plusieurs grands noms à commencer par Berthe Sylva (*Tango d'adieu*) en 1927. Il a composé les paroles de *Ô Corse, île d'amour* et de *Marinella* en 1934, pour Tino Rossi, de *Prosper* pour Maurice Chevalier et de *La java bleue* pour Fréhel. Joséphine Baker, quant à elle, lui doit les paroles de *J'ai deux amours*, dont la musique est de Vincent Scotto.

Vline Buggy, fille de Georges Koger, écrira aussi des chansons. Tout d'abord, avec sa sœur, pour Georges Ulmer et Yves Montand. Vline (Liliane) réalisera des adaptations françaises de tubes anglais pour des groupes yé-yé et pour Claude François (*Belles, belles, belles* et *Si j'avais un marteau*). Pour Hugues Aufray, ce sera *Adieu monsieur le professeur* et *Céline*; pour Michel Sardou, elle écrira *Les bals populaires* et pour Herbert Léonard *Pour le plaisir*.

Dès le début, Georges Ulmer remporte un franc succès avec Pigalle ; le refrain est sur toutes les lèvres dans la francophonie. Peu d'interprètes l'ont cependant enregistré en France, si ce n'est Jean Sablon, les Compagnons de la chanson, Isabelle Aubret, Petula Clark, Tohama, Colette Renard. Aux États-Unis, Johnny Desmond et Danny Kaye en ont fait un succès international.

Au fil des siècles, on a beaucoup chanté Paris, la beauté et l'originalité de ses quartiers, mais seul Georges Ulmer a réussi à décrire et à chanter aussi bien le vrai Pigalle où l'on confond le jour et la nuit. Malheureusement, le chanteur populaire n'a pas obtenu un succès à la hauteur de son immense talent. Il est donc juste et normal qu'il se voie aujourd'hui épinglé dans la galerie des vedettes de la chanson française.

GEORGES ULMER

Né le 17 février 1919, à Copenhague (Danemark)

*G*eorges Ulmer n'a que 18 mois lorsque son père, un sculpteur réputé qui se nomme lui aussi Georges, meurt au Danemark à l'âge de 32 ans. Il passe son enfance et son adolescence en Espagne et voyage beaucoup avec Betty, sa mère, qui est originaire de Nice.

Il arrive en France en 1938, s'intègre rapidement et y exerce plusieurs métiers : ouvrier, plongeur, illustrateur et dessinateur humoristique, professeur d'anglais et de danois à l'école Berlitz.

Pendant la Deuxième Guerre mondiale, il fait partie de l'orchestre de Fred Adison, puis débute en solo au cabaret de l'Écrin de Nice. Il conquiert la Côte d'Azur et veut en faire autant, sinon davantage avec Paris. Lancé par Robert Salvet, il se produit à l'ABC, en 1944, où il mime les person-nages des cow-boys et des gangsters des films américains de l'époque. Il écrit *J'ai changé ma voiture contre une jeep*, qui devient la chanson fétiche des soldats qui vivent en Europe en attendant de rentrer dans leur pays.

À la Libération, Georges Ulmer fait des imitations de Jimmy Durante et d'Al Jolson, tout en s'accompagnant à la guitare ou au saxophone. Lors d'un séjour aux États-Unis, il écrit et chante des versions françaises de son idole, Bing Crosby, puis, plus tard, des chansons d'Elvis Presley (*Don't be cruel*). Il devient champion de boxe à Cincinnati.

Ce Danois est vite adopté par les Français qui adorent les artistes à l'accent étranger. Ses chansons *Quand allons-nous nous marier* et *Un monsieur attendait* sont fortement acclamées. La grande actrice Arletty (1898-1992), chanteuse d'opérette à ses débuts, l'affectionne particulièrement et interprète avec lui quelques-unes de ses chansons, dont *Comme une rose de mai, Viens viens Mad'leine, Qui t'a...* Atteinte de cécité vers le mitan de sa vie, elle s'exile au Danemark. Georges Ulmer restera toujours en contact avec elle.

En 1946, Georges Ulmer remporte un succès international avec sa chanson *Pigalle*. Puis le globe-trotter fait un long séjour au Brésil.

En 1948, après avoir créé sa première opérette, *On a volé une étoile*, Georges Ulmer part en tournée aux États-Unis, au Canada, en Argentine et au Chili. À son retour, Paris le consacre à Bobino, à l'Alhambra et au Moulin-Rouge.

Au cinéma, Georges Ulmer se voit confier des rôles intéressants dans *Paris chante toujours* (1951), *La route du bonheur* (1953) avec Juliette Gréco, Félix Leclerc et Georges Guétary, entre autres. Il joue aussi dans *Une balle suffit* (1954) et *À pleines mains* (1960). Côté chanson, il n'arrête pas d'écrire, de créer de nouveaux titres : *Caroline chérie, Les rues de Copenhague, Marie petit béguin du mois de mai, Casablanca, Il jouait de la contrebasse* et *J'ai bu*, de Charles Aznavour et Pierre Roche, font tous partie de son répertoire. Du 4 au 11 décembre 1961, il partage la vedette avec Dominique Michel à la Comédie Canadienne, à Montréal.

Dans la famille de Georges Ulmer, on a la musique dans le sang. À 15 ans, sa fille Laura débute une carrière de chanteuse au restaurant de sa mère, Betty Golla. Le producteur Eddie Barclay lui fera d'ailleurs enregistrer quelques mélodies. Mais on perd sa trace après son mariage avec le comédien Jean-Claude Dauphin. De cette union naîtra

Julien. Pendant plusieurs années, elle a volé aux quatre coins du monde comme chef de cabine sur Air France.

Sur la Côte d'Azur, Georges Ulmer fut aubergiste, puis directeur artistique du Casino de Cannes. Il s'est éteint doucement en 1989 à Marseille, sa ville d'adoption. Sur sa tombe, on peut lire cette épitaphe: «Il avait une générosité débordante, un humour féroce et une humaine tendresse».

1946

LES FEUILLES MORTES

Paroles

Jacques Prévert

Musique

Joseph Kosma

Interprètes

JULIETTE GRÉCO

Dorothée Berryman
Johanne Blouin
De Bridgewater
Petula Clark
Nat King Cole
Les Compagnons de la chanson
Dalida
Dany Dauberson
Jacques Douai
Lucille Dumont
Jacqueline François
Fernand Gignac
Annie Gould
Jack Lantier
Bernard Lavilliers
Jean-Pierre Légaré
Lio
Michel Louvain
Mireille Mathieu
Yves Montand

Germaine Montero
Alain Morisod et
Sweet People
Mouloudji
Nana Mouskouri
Paolo Noël
Jean-Claude Pascal

Édith Piaf
Colette Renard
Michel Rivard
Jean Sablon
Les Three Bars
Cora Vaucaire

LES FEUILLES MORTES

*Oh ! je voudrais tant que tu te souviennes
Des jours heureux où nous étions amis
En ce temps-là la vie était plus belle
Et le soleil plus brûlant qu'aujourd'hui
Les feuilles mortes se ramassent à la pelle
Les souvenirs et les regrets aussi
Et le vent du nord les emporte
Dans la nuit froide de l'oubli
Tu vois, je n'ai pas oublié
La chanson que tu me chantais*

(Refrain)

*C'est une chanson qui nous ressemble
Toi, tu m'aimais et je t'aimais
Et nous vivions tous deux ensemble
Toi qui m'aimais, moi qui t'aimais
Mais la vie sépare ceux qui s'aiment*

*Tout doucement, sans faire de bruit
Et la mer efface sur le sable
Les pas des amants désunis*

*Les feuilles mortes se ramassent à la pelle
Les souvenirs et les regrets aussi
Mais mon amour silencieux et fidèle
Souris toujours et remercie la vie
Je t'aimais tant, tu étais si jolie
Comme veux-tu que je t'oublie ?
En ce temps-là, la vie était plus belle
Et le soleil plus brûlant qu'aujourd'hui
Tu étais ma plus douce amie
Mais je n'ai que faire des regrets
Et la chanson que tu chantais
Toujours, toujours je l'entendrai !*

(Au refrain)

LES FEUILLES MORTES

1946

Considérée comme l'une des plus belles chansons françaises, *Les feuilles mortes*, au même titre que *La mer* de Charles Trenet, connaîtra une diffusion internationale. Même si Cora Vaucaire a été la première à l'enregistrer, à la demande de Joseph Kosma, Yves Montand et Juliette Gréco l'ont rendue immortelle. Dans les caves de Saint-Germain-des-Prés, fréquentées par Jean-Paul Sartre, Simone de Beauvoir et la classe intellectuelle parisienne, cette mélodie est sur toutes les lèvres à la fin de la Seconde Guerre mondiale.

Que le texte des *Feuilles mortes* ne soit pas une création exclusive de Jacques Prévert est fort possible. Il subsiste beaucoup d'ambiguïté autour de ce poème. Peu importe, au cours des siècles, la poésie s'est transmise de maintes façons. Que l'on pense seulement au poème de Jean-Paul Florian, *Plaisir d'amour*, écrit en 1785. Le monde contemporain récupère toujours le meilleur des époques antérieures.

Au départ, en 1946, la mélodie *Les feuilles mortes* fut composée pour être insérée dans un ballet de Roland Petit *Le rendez-vous*. Ce superbe danseur partageait souvent sur scène la vedette avec Zizi Jeanmaire, que ce soit à l'Olympia, à Bobino ou au Casino de Paris. Pour sa part, Marcel Carné (*Le jour se lève* avec Jean Gabin) écoute la musique des *Feuilles mortes*. Ravi et emballé, il décide de s'en servir comme trame sonore dans son film *Les portes de la nuit*.

Aux États-Unis et dans tous les pays anglophones, on chante *Autumn Leaves*, traduction libre. Bing Crosby, Frank Sinatra, Nat King Cole et Placido Domingo l'ont conservée à leur répertoire durant toute leur carrière. Ce refrain nous remet en mémoire *La chanson d'automne* de Verlaine : Et je m'en vais / Au vent mauvais / Qui m'emporte / Deçà, delà / Pareil à la feuille morte.

Révélé au grand public, après la guerre, par ses recueils de poésie, Jacques Prévert (1900-1977) a pu compter sur Joseph Kosma (1905-1969) qui a mis en musique plusieurs de ses chansons enregistrées par les plus grands interprètes du monde entier. Après la mort de Prévert, la «grande prêtresse du pop français», Catherine Ribeiro, lui a consacré un magnifique album. Soulignons aussi l'hommage que lui rendit Serge Gainsbourg en composant *La chanson de Prévert*.

JULIETTE GRÉCO

Née le 7 février 1927, à Montpellier (France)

Dotée d'une forte personnalité, teint hâlé et yeux de feu, la démarche féline, elle a le beau visage d'une femme épanouie que l'on devine entière, passionnée. Pierre Balmain offrit un jour à Juliette Gréco une magnifique robe noire avec une traîne dorée mouchetée de velours. Dès lors, elle dira en entrant sur scène : «J'ai mis mon noir de travail.»

Née d'une mère bordelaise et d'un père corse qui disparaît très tôt dans le décor, la maman de Juliette a beaucoup de mal à organiser la vie familiale. Elle la confie, avec sa sœur Charlotte, aux grands-parents maternels. En septembre 1943, de nouveau installée à Paris avec ses filles, la mère est arrêtée et écrouée à Périgueux pour avoir milité dans la Résistance. Impuissante, Juliette assiste à l'arrestation de sa sœur, puis la Gestapo lui met la main au collet et l'emprisonne à son tour. Après de longs interrogatoires pénibles, elle reprend sa liberté. Où aller? Une famille du quartier, près de Saint-Germain-des-Prés, lui offre l'hébergement. Hélène Duc, son ex-institutrice de français, la guide vers le Conservatoire.

Juliette est tenace, courageuse. Elle décroche un rôle dans une pièce que monte Jean-Louis Barrault, *Le soulier de satin*. À la Libération, elle retrouve sa sœur Charlotte et sa mère, aventurière, qui s'engage dans la marine et part pour l'Indochine.

Juliette et Charlotte deviennent des habituées de Saint-Germain-des-Prés où se côtoient Jean Cocteau, Boris Vian, Pablo Picasso, Roger Vadim et d'autres écrivains, peintres et musiciens. Un soir qu'elle dîne à La cloche d'or avec Jean-Paul Sartre et ses amis, Anne-Marie Cazalis s'exclame : «J'entrevois pour Juliette une carrière internationale.» Gréco réplique : «Je préfère une autre voie que celle-là.» Sartre, amusé, rétorque: «Venez me voir demain, j'ai des choses à vous proposer.» Elle est au rendez-vous et se voit offrir de très beaux textes. Comment refuser ce cadeau royal?

Après avoir joué au théâtre de la Gaîté-Montparnasse dans *Victor ou les enfants du pouvoir* et avoir participé à une série d'émissions radiophoniques, Juliette Gréco fait ses débuts officiels comme chanteuse. Sa carrière est bien engagée car elle a, dans son entourage, des gens qui la conseillent et la portent aux nues. En 1950, avec une chanson de Charles Aznavour, *Je hais les dimanches*, elle remporte le Grand Prix de la SACEM. Au Bœuf sur le toit, elle fait connaître *Si tu t'imagines*, de Raymond Queneau, et *L'éternel féminin* de Jules Laforgue. Son personnage séduit tout Paris. Il arrive que Marlon Brando remmène, en moto, Juliette à son domicile.

En 1954, Gréco fait son entrée à l'Olympia de Paris. Quatre ans plus tard, elle accepte, à l'invitation de Darryl Zanuck, de jouer dans la superproduction hollywoodienne *Les racines du ciel* de John Huston. Puis, elle joue dans *April in Paris* à New York. Toujours en noir, on la retrouve de nouveau à l'Olympia et à Bobino, avec Georges Brassens, où elle récolte de plus en plus de succès. Elle triomphe au Théâtre national de Berlin, met le cap sur le Québec où elle donnera des récitals à la Place des Arts de Montréal et au Grand Théâtre de la Vieille Capitale.

Juliette Gréco mène aussi une carrière d'actrice. Elle tourne 24 films entre 1948 et 1975, notamment *Orphée* (1950) de Jean Cocteau, *Elena et les hommes* (1956) de Jean Renoir, *Far West* (1966) de Jacques Brel, *Lily, aime-moi* (1975) de Maurice Dugowson. Dans le feuilleton télévisé *Belphégor* de Claude Barma, elle a accentué sa popularité auprès d'un large public.

Une fille, Laurence, naît de son union avec le beau Philippe Lemaire, un garçon insouciant avec lequel elle partage, en 1953, la vedette dans le film de Jean-Pierre Melville, *Quand tu liras cette lettre*. Malheureusement, elle apprend que son ex-mari s'est donné la mort, en 2004, en se jetant sous le métro.

Dans son autobiographie, Juliette parle de sa vie amoureuse, de son mariage, le 12 décembre 1966, avec Michel Piccoli, de ses illusions et désillusions. En 1991 et 1993, Gréco accepte de remonter sur la scène de l'Olympia, avec un répertoire enrichi de chansons signées Julien Clerc, Étienne Roda-Gill, mais aussi avec des rythmes brésiliens que l'on peut écouter sur son album *Un jour d'été et quelques nuits.*

Pablo Picasso résuma en quelques mots, avec les yeux du peintre, ce qu'il voyait en elle et comment il se la représentait: «Vous prenez des bains de lune pendant que les autres prennent des bains de soleil.»

Dans toutes les grandes capitales, Juliette Gréco sut fasciner les plus grands comme les plus humbles dont beaucoup vivent encore de son souvenir et fredonnent toujours cette inoubliable chanson, *Les feuilles mortes*, rappel des saisons qui se font et se défont sous la palette d'un peintre tout-puissant.

En 1998, lorsqu'elle revint chanter au Québec, elle avait toujours dans son répertoire *Paris canaille* et *Jolie môme* de Léo Ferré. L'année suivante, elle présenta le même spectacle à l'Odéon de Paris. Son mari, le grand pianiste Gérard Jouannest, toujours associé à Jacques Brel, l'accompagne dans tous ses voyages et son clavier magique soutient subtilement la voix chaude d'une artiste hors série. En juillet 2001, le tandem est revenu à la Place des Arts, à Montréal, dans le cadre des FrancoFolies.

En 2004, le public a eu droit à un nouveau disque et à un coffret, *L'éternel féminin*, contenant 20 compacts renumérisés. Un cadeau du ciel! Juliette Gréco continue de chanter où bon lui semble. À Paris, Montréal ou Bruxelles, on espère toujours son retour.

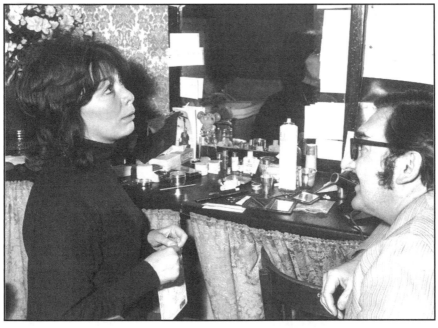

Marcel Brouillard, auteur du livre, et Juliette Gréco

1947

CLOPIN-CLOPANT

Paroles
Pierre Dudan

Musique
Bruno Coquatrix

Interprètes

Petula Clark
Vic Damone
Johnny Desmond
Sacha Distel
Lucille Dumont
Georges Guétary
Dick Haymes
Lucien Jeunesse
André Lejeune
Michel Louvain
Léo Marjane
Tony Martin
Yves Montand
Patachou
Jacques Pills
Pierre Roche
Jean Sablon
Henri Salvador

PIERRE DUDAN

Frank Sinatra
Barbra Streisand

CLOPIN-CLOPANT

Je suis né
avec des yeux d'ange
Et des fossettes au creux
des joues
J'ai perdu mes joues
et mes langes
Et j'ai cassé tous mes joujoux
Je m'suis regardé
dans un' glace
Et j'ai vu que j'avais rêvé
Je m'suis dit : faudra bien
que j'm'y fasse...
Tout finira par arriver...

(Refrain)

Et je m'en vais clopin-clopant
Dans le soleil et dans le vent
De temps en temps
le cœur chancelle...
Y'a des souv'nirs
qui s'amoncellent...
Et je m'en vais clopin-clopant
En promenant
mon cœur d'enfant...
Comme s'envole
une hirondelle...
La vie s'enfuit à tire-d'aile...

Ça fait si mal
au cœur d'enfant
Qui s'en va seul,
clopin-clopant...

Tout l'amour
que l'on a vu naître...
Tes lèvres douces,
parfum de miel...
Nos deux fronts
contre la fenêtre...
Nos regards perdus
dans le ciel...
Le train noir hurlant
dans la gare...
Le monstrueux désert
des rues...
Tes mots d'adieu,
tes mots bizarres...
Depuis dix mois,
tu n'écris plus...

(Au refrain)

40

CLOPIN-CLOPANT

1947

*H*enri Salvador fut le premier en 1947 à interpréter *Clopin-clopant*, obtenant un énorme succès. L'année suivante, Pierre Dudan (1916-1984), auteur de cette rengaine populaire, l'enregistre chez Pathé. En Angleterre et aux États-Unis, chantée par Jean Sablon, sous le titre *Comme ci, comme ça*, elle se répand comme une traînée de poudre. Yves Montand, Sacha Distel et plusieurs autres interprètes vont également s'identifier à cette chanson sous des rythmes différents. Au Québec, Lucille Dumont, Pierre Roche, Michel Louvain et André Lejeune vont à leur tour populariser ce beau texte.

L'histoire de cette chanson est toute simple. Bruno Coquatrix (1910-1979), longtemps directeur de l'Olympia de Paris, était un excellent musicien. De 1954 à sa mort, il composa une centaine de petits chefs-d'œuvre pour plusieurs artistes dont Bourvil, Jacques Pills, Léo Marjane, les Frères Jacques.

Bruno Coquatrix décela le talent et l'originalité des artistes québécois : Gilles Vigneault, Robert Charlebois, Pauline Julien, Raôul Duguay, Monique Leyrac, Jean-Pierre Ferland, Jean Lapointe. Il les invita à se produire à l'Olympia, considéré comme le panthéon de la chanson.

À partir de 1954, alors que Coquatrix dirige le plus prestigieux music-hall d'Europe, le grand public voit défiler à l'Olympia : Édith Piaf, Lucienne Delyle, Lucienne Boyer, Pierre Dudan, Juliette Gréco, Yves Montand, Johnny Hallyday, Sylvie Vartan, Annie Cordy, Gilbert Bécaud, son favori, qui reviendra à cet établissement à 30 reprises. En 1997, Monsieur 100 000 volts est d'ailleurs choisi pour inaugurer le nouvel Olympia, entièrement rénové.

Dans leur façon de saisir l'air du temps, Pierre Dudan et Francis Lemarque (*Le petit cordonnier, Quand un soldat*) se rejoignent. Ils ont une façon pertinente, réaliste et percutante de mordre dans le vif du sujet, de faire vivre les mots par des images poétiques.

Dans *Clopin-clopant*, comme dans *Café au lait au lit*, composé en 1940, deux classiques du rebelle Pierre Dudan, le troubadour contemporain laisse un peu de son âme tendre dans ses créations. Éternel vagabond à la recherche d'un rêve profond qu'il cultive au fond de lui-même, ce grand gaillard manie le verbe avec un art inné qui célèbre la joie, l'amitié et l'optimisme. Il ne s'abrite pas derrière le paravent des compromis.

PIERRE DUDAN

Né le 1er février 1916, à Moscou (Russie)

*F*ils de Camille Dudan, percepteur puis directeur du collège cantonal de Lausanne, et d'une mère russe, Hélène Charmanova, Pierre Dudan est un garçonnet actif et turbulent. Élevé en Suisse, doté d'un tempérament ardent, il incarne, sorti de l'adolescence, le personnage libertaire et aventureux, le barde fougueux, passionné, qu'il sera toute sa vie.

Pierre entreprend sa carrière d'artiste en 1936, à Paris, à titre de pianiste au cabaret Le Bœuf sur le toit, au Lapin à Gilles, au Chat noir, aux Deux Ânes. Il cumulera les fonctions de trompettiste, de journaliste, de chanteur, d'acteur, d'animateur de radio et de télévision et d'écrivain. Sa polyvalence étonne, séduit.

En 1977, Dudan remporte le Grand Prix de l'Académie pour son disque *Ballades de tous les temps*, préfacé par Georges Brassens. Pour l'ensemble de son œuvre, il obtient le Prix de la chanson poétique de Montmartre. Malgré les honneurs, les prix, la célébrité, la fortune, il connaîtra des revers de toutes sortes. Amoureux fou, il se marie à quatre reprises.

En 1938, Lucienne Boyer fut l'une des premières à chanter ses compositions, *Parti sans laisser d'adresse*, de même que Marie Dubas qui enregistra *L'homme qui parle tout seul*. Durant le deuxième conflit mondial (1939-45) il vivra dans son pays, la Suisse. Auteur de 1 800 chansons, sa renommée connaît un boom après la Libération, avec *Mélancolie* et *Clopin-clopant*. À Paris, il ouvre son cabaret où Marcel Amont et Francis Lemarque font leurs débuts. Ses chansons sont interprétées par Maurice Chevalier, Jean Sablon, Henri Salvador et même Frank Sinatra.

En 1952, Pierre Dudan prend l'affiche au cabaret Chez Gérard, à Québec. Il connaît et savoure un gros succès. Les années suivantes, il reviendra dans ce qu'il appelle son pays d'adoption, là où il se sent chez lui. En 1970, passeport canadien dans la poche, il retourne en France, avec laquelle il conservera toujours des liens indestructibles.

Dans son livre *Le show-biz, bordel!* qui dévoile les dessous de l'industrie du spectacle, il se fait des ennemis. Dudan est incisif, mordant, révèle des choses vraies, châtie aussi bien qu'il loue avec sa témérité habituelle. Lors de leurs adieux à la scène en 1976, à Bobino, son ami Georges Brassens le qualifie d'incorruptible.

Pierre Dudan est un écrivain-né. Son œuvre imposante en témoigne. Il a le goût des mots qui chantent. Son premier ouvrage, *L'âge ingrat d'un vagabond,* publié en 1942, révèle la vraie nature d'un homme impatient et inquiet, non pas pour sa subsistance immédiate, mais pour les questions toujours sans véritables réponses. Outre ses pièces de théâtre, ses comédies musicales, ses chansons, Pierre a écrit une douzaine de livres tels *Les cent pas dans ma tête* (Éditions de l'Homme 1970), *Trous de mémoires, Antoine et Robert, L'écume des passions...*

En 1979, il revient au Québec, partage son temps entre l'écriture et la réflexion. Durant l'été, il donne son spectacle au Théâtre de l'île d'Orléans situé à proximité de la maison de Félix Leclerc. Pour Radio-Canada, il participe à la télésérie *Propos et confidences* et raconte sa vie avec cet humour pointu et sa verve enjolivée par des anecdotes savoureuses. Son premier amour en 1949 avec une

Norvégienne, son premier mariage en 1969 avec Mariette, une Suissesse, qui devient le personnage central de son roman, *Ariane, plage perdue,* nous font mieux connaître l'homme. Avec tendresse, il parle de ses six enfants, de sa confidente Clairette, de la Guadeloupe où il a séjourné à maintes reprises.

En 1980, pour marquer ses 50 ans de carrière, on lui fait la fête au Théâtre d'Epalinges en Suisse. Superbes moments partagés par Jacqueline François, Georges Ulmer, les Frères Jacques, Michel Legrand… À cette occasion, Pierre Dudan interprète ses chansons favorites *Clopin-clopant, La Tamise* et *Mon jardin.* C'est l'apothéose des amis retrouvés.

Lors de sa dernière tournée en Europe, en 1981, il présente deux albums-livres, *Votre ami de toujours* et *À la barbe du temps,* soit 18 chansons connues et 16 nouvelles. Quel gamin ce Dudan! Ses albums sont comme le miroir de sa vie. En octobre 1983, les Québécois le revoient au Salon du livre de Montréal, à l'occasion du lancement de son 19e ouvrage.

Puis, comme s'il s'agissait de son dernier concert d'adieu, il donne son tour de chant au Totem de Piedmont, dans les Laurentides, dont le grand patron est André Lejeune, qui fera équipe avec Pierre et deviendra son confident. Le grand troubadour amoureux des espaces sans fin écrira *Il a neigé sur mes amis* que Lejeune mettra en musique.

Le 24 février 1984, Pierre Dudan s'éteint en Suisse, ce petit pays riche d'histoire. Pendant quatre années, le comédien Septimiu Sever, Roumain d'origine, a repris la tendre mélodie pour la comédie musicale *Ah! six bons moines* de Serges Turbide, en hommage au disparu qui a traversé l'espace en brandissant l'oriflamme de l'intégrité et de la vérité.

Alors qu'il séjournait à l'île d'Orléans, Pierre Dudan s'est confié à Jean-Jacques Samson, du quotidien *Le Soleil* : «J'aime le Québec, c'est le pays où j'ai pu être moi-même. Ici, je suis chez moi, je ne me sens pas dépaysé. Nordique francophone, j'ai besoin d'un pays immense où l'on se bat pour vivre en français. J'ai trouvé cela au Québec.»

Voyageur à la fois sédentaire et nomade, anticonformiste, loin des bourgeois qu'il n'aimait pas, Pierre Dudan trouva au Québec ce qu'il cherchait, une nature farouche et des lacs aussi grands que des mers, entourés de forêts mystérieuses. Il sut partager l'admirable complicité des gens du beau pays, se lia d'amitié avec d'autres troubadours qui lui ressemblaient comme André Lejeune et Raymond Lévesque. Clopin-clopant, Pierre Dudan traversa sa forêt sur un sentier parsemé d'obstacles, sans jamais trahir ses rêves de jeunesse.

1949

HYMNE AU PRINTEMPS

Paroles
Félix Leclerc

Musique
Félix Leclerc

Interprètes

Johanne Blouin
Chorale de l'Accueil Bonneau
Jean-Claude Gauthier
Fernand Gignac
Pierre Lalonde
Félix Leclerc
Gaétan Leclerc
Alain Morisod et
Sweet People
Pascal Normand
Bernard Primeau
Catherine Sauvage
Marie-Claire Séguin
Claude Valade
...

MONIQUE LEYRAC

HYMNE AU PRINTEMPS

Les blés sont mûrs
et la terre est mouillée
Les grands labours
dorment sous la gelée
L'oiseau si beau,
hier, s'est envolé
La porte est close
sur le jardin fané...

Comme un vieux
râteau oublié
Sous la neige je vais hiverner
Photos d'enfants qui courent
dans les champs
Seront mes seules joies
pour passer le temps

Mes cabanes d'oiseaux
sont vidées
Le vent pleure
dans ma cheminée
Mais dans mon cœur
je m'en vais composer
L'hymne au printemps
pour celle qui m'a quitté

Quand mon amie viendra
par la rivière

Au mois de mai,
après le dur hiver
Je sortirai, bras nus,
dans la lumière
Et lui dirai le salut
de la terre...

Vois, les fleurs
ont recommencé
Dans l'étable crient
les nouveau-nés
Viens voir la vieille
barrière rouillée
Endimanchée de toiles
d'araignée

Les bourgeons sortent
de la mort
Papillons ont
des manteaux d'or
Près du ruisseau
sont alignées les fées
Et les crapauds
chantent la liberté
Et les crapauds
chantent la liberté...

48

Hymne au printemps

1949

Après avoir fondé la troupe VLM (Vien-Leclerc-Mauffette) en 1948 et avoir joué sa pièce de théâtre *Le p'tit bonheur*, Félix Leclerc est en pleine jubilation. Sa chanson qui porte le même nom va résonner dans toute la francophonie, tout comme *Moi, mes souliers*, Grand Prix de l'Académie Charles-Cros en 1951.

Après la publication de son livre *Dialogues d'hommes et de bêtes*, Félix compose les paroles et la musique de l'*Hymne au printemps*, en 1949, tout juste après *Francis*, *Le train du Nord*, *La mer n'est pas la mer* et *Bozo*.

Dans l'œuvre de Félix Leclerc, la nature est ce qu'il y a de plus important. Elle est présente dans toutes ses chansons et pièces de théâtre. Ses textes poétiques contiennent tous les éléments de l'eau et de la terre à travers les saisons. L'*Hymne au printemps* ruisselle de la sève d'érable qui coule dans son antre de Vaudreuil, face au lac des Deux-Montagnes.

Derrière chez lui, Félix marche dans les champs, se réfugie dans sa grange, nourrit ses poules et canards, attelle son cheval ou ses chiens pour aller faire ses courses au village. Il ne sait pas, à ce moment-là, qu'il partira, en décembre 1950, pour la France, où la gloire l'attend à l'ABC de Paris.

Au milieu du siècle dernier, Félix Leclerc n'est pas distrait par l'immense succès remporté en Europe. Il continue d'écrire sans relâche : *La drave, Les perdrix, La chanson du pharmacien, Prière bohémienne* (la préférée de Raymond Devos), *Le roi et le laboureur*...

Dans Cent ans de chansons françaises, édité à Paris en 1981, on peut lire : «Avec *Le p'tit bonheur*, il s'assure auprès du public français une double renommée : celle de poète et celle d'homme simple... Leclerc fait le va-et-vient entre le Québec et la France, et ceux qui suivent ses pérégrinations ont comme l'impression qu'il va recharger, dans son pays sauvage et mythique, ses batteries...»

Même si Félix a particulièrement marqué les années 50 et 60, il a continué de briller toute sa vie durant. Le Québécois aurait pu se contenter d'une petite vie bien tranquille au milieu des siens, aussi bien à La Tuque, où il est né le 2 août 1914, qu'à Vaudreuil, où il a vécu de 1945 à 1967, ou bien à l'île d'Orléans où il a résidé de 1970 à 1988. Le poète a plutôt choisi de se battre sur la place publique avec des mots, des idées, une guitare, des chansons de plus en plus belles comme l'*Hymne au printemps*, si bien interprétée par Monique Leyrac.

En 2005, l'excellent documentaire *Félix Leclerc, moi, mes souliers*, produit par Jean Beaulne, pour le compte de TV5 et de Télé-Québec, nous fait découvrir un Félix plein de vie, passionné, plus humain que jamais.

MONIQUE LEYRAC

Née Monique Tremblay, le 26 février 1928,
à Montréal (Québec)

Monique Leyrac est la première chanteuse populaire québécoise à faire carrière à l'étranger. En 1965, elle remporte le Grand Prix du Festival de Sopot en Pologne, avec *Mon pays*, de Gilles Vigneault. La même année, elle décroche le Grand Prix du Festival de la chanson à Ostende, en Belgique.

C'est dans le quartier ouvrier de Rosemont, à Montréal, que Monique Tremblay voit le jour. Son ancêtre paternel, Pierre Tremblay, a quitté la France en 1647. À lui seul, il a engendré la plus nombreuse famille québécoise. «C'est vous dire à quel point je suis tricotée serrée dans la pure laine du pays.»

Avec ses cheveux noirs et ses tresses dans le dos, on l'a parfois identifiée à une Indienne de la réserve amérindienne de Mashteuiatsh (Pointe-Bleue), du fait que ses parents avaient habité cette région du Saguenay-Lac- Saint-Jean avant de déménager à Montréal.

Monique Tremblay a deux frères et cinq sœurs. C'est sa mère, Lucienne Laperle, qui l'initie à la musique. Quant à son père, Thomas, excellent menuisier, il connaît le chômage et subit les méfaits de la crise mondiale des années 30; il se console en sortant son violon tous les samedis soir. Adolescente, Monique apprend rapidement les succès de la chanson française : *Un amour comme le nôtre, Mon légionnaire, Le plus beau tango du monde*.

À 14 ans, Monique abandonne ses études pour travailler dans une manufacture de pièces d'avion. À la guerre comme à la guerre! Élève de Jeanne Maubourg, elle décroche le rôle de Bernadette Soubirous à la radio de CKAC, en 1943, et bosse dans un atelier de couture et un salon de coiffure.

En 1948, alors que Montréal s'amuse follement, elle débute comme chanteuse au Faisan doré, sous le nom de Monique Leyrac, et interprète les succès d'Édith Piaf. Elle fourbit ses armes au contact de Jacques Normand, Pierre Roche et Charles Aznavour, qui lui écrivent *Les filles de Trois-Rivières*. Au Monte-Carlo, à Québec, on la garde à l'affiche pendant quatre mois. En 1950, Monique est en vedette dans le film *Les lumières de ma ville*, réalisé par Jean-Yves Bigras, avec Guy Mauffette, Huguette Oligny, Paul Berval.

C'est sous l'étiquette RCA Victor que Monique Leyrac enregistre ses premières chansons : *La fille à Domingo, Chica chica, Chante tzigane, Bal des faubourgs...* Elle s'envole pour Paris où elle débute au Club de l'Opéra, avec Suzy Solidor, et au Schéhérazade, avec Jean Clément. Après son passage à la grande émission de Jean Nohain, *Quarante millions de Français*, les contrats se multiplient en Europe et au Liban.

Dans la Ville lumière, Monique Leyrac enregistre, en 1952, l'*Hymne au printemps, Le p'tit bonheur*, de Félix Leclerc. À son retour à Montréal, elle attire les foules au Café Montmartre et au Saint-Germain-des-Prés. D'autres chansons s'ajoutent à son répertoire : *Le gamin de Paris, L'âme des poètes, Jardin d'automne*. Lors de sa première émission à la télévision, elle crée la chanson *Aglaë*, qui deviendra le nom de scène de Jocelyne Deslongchamps, future épouse de Pierre Roche.

À la radio et à la télévision de Radio-Canada, on confie à Monique Leyrac maintes émissions comme chanteuse, comédienne ou animatrice. De 1952 à 1963, elle fait la navette entre le Québec et la France et consacre plus de temps au théâtre qu'à la chanson. De son mariage avec le comédien Jean Dalmain est née Sophie, future journaliste.

En 1963, Monique Leyrac enregistre un microsillon consacré à Gilles Vigneault et un autre à Claude Léveillée. Après un éclatant succès à la Place des Arts, à Montréal, et au Town Hall, à New York, elle se produit à l'Olympia de Paris, avant d'entreprendre une tournée en U.R.S.S., en 1966, et d'enregistrer 39 émissions pour la télévision de Radio-Canada, à Toronto. À l'Expo 67, elle a triomphé huit soirs d'affilée avec le pianiste André Gagnon.

La chanteuse passe ensuite au Carnegie Hall, de New York, au Ralph Harris Show de la BBC de Londres, au Perry Como Show. En 1969, elle interprète *Ne me quitte pas,* de Jacques Brel, et *Les parapluies de Sherbourg,* de Michel Legrand, au Ed Sullivan Show. La carrière de Monique Leyrac atteint les plus hauts sommets.

En 1970 et 1971, le Tout-Paris lui ouvre les bras à Bobino et à l'Olympia. Elle séjourne alors trois ans en France et tient un premier rôle dans le film *Act of the heart,* de Paul Almond, avec Geneviève Bujold. Après ses spectacles *1900* et *Paris-Berlin,* Leyrac entreprend, en solo, des séries de représentations consacrées à Émile Nelligan, Baudelaire, Félix Leclerc ou Sarah Bernhardt.

Dans un album de Monique Leyrac consacré à Félix Leclerc, en 1977, ce dernier a bien raison d'écrire : «Voilà qu'un petit bout de femme, exactement la bohémienne du traversier de ma jeunesse, danse, vit, saute, chante, rit, pleure. Et dans la salle, on ne voit que des visages heureux accrochés à la magie.»

En 1983, après la publication de son autobiographie, *Mon enfance à Rosemont,* après plusieurs rôles dans des téléromans, *Les enquêtes Jobidon, Des dames de cœur* de

Lise Payette, une quinzaine d'albums, des tournées chez elle et à l'étranger, Monique Leyrac s'est esquivée sur la pointe des pieds. En 1996, elle a accepté de revenir au théâtre dans *Le voyage du couronnement*. Voilà une belle carrière auréolée du prix Calixa-Lavallée, de celui du Gouverneur général. En 1997, le premier ministre Lucien Bouchard lui a remis les insignes de l'Ordre du Québec. Dommage qu'on n'entende pas plus souvent sur nos ondes cette grande artiste. Nos discothécaires et recherchistes auraient-ils la mémoire qui flanche?

1950

UNE CHANSON DOUCE

Paroles
Maurice Pon

Musique
Henri Salvador

Interprètes

Henri Dès
Lisette Jambel
Jil et Jan
Jacqueline Lemay
Jean Lumière
Nana Mouskouri
Chantal Pary
Gérard Rinaldi
Paulette Rollin
Monique Saintonge
Max Sévérin
Les Three Bars

HENRI SALVADOR

UNE CHANSON DOUCE

Une chanson douce
Que me chantait ma maman
En suçant mon pouce
J'écoutais en m'endormant
Cette chanson douce
Je veux la chanter pour toi
Car ta peau est douce
Comme la mousse des bois

La petite biche est aux abois
Dans le bois
se cache le loup
Ouh ouh ouh ouh !
Mais le brave chevalier passa
Il prit la biche dans les bras
La la la la !

La petite biche
Ce sera toi si tu veux
Le loup on s'en fiche
Contre lui nous serons deux

Une chanson douce
Pour tous les petits enfants
Une chanson douce
Comme en chantait
ma maman

Oh ! le joli conte que voilà
La biche en femme
se changea
La la la la !
Et dans les bras
du beau chevalier
Belle princesse elle est restée
À tout jamais

La belle princesse
Avait tes jolis cheveux.
La même caresse
Se lit au fond de tes yeux.
Une chanson douce
Comme en chantait
ma maman,
Une chanson douce
Pour tous les petits enfants.
Cette chanson douce
Je veux la chanter aussi
Pour toi ô ma douce
Jusqu'à la fin de ma vie
Jusqu'à la fin de ma vie
Jusqu'à la fin de ma vie

© H. Salvador et M. Pon
1950

56

Une chanson douce

1950

Qui ne connaît pas *Une chanson douce*, cette tendre berceuse écrite par Maurice Pon qui l'a ensuite confiée à son ami Henri Salvador pour qu'il en compose la musique!

Maurice Pon est né à Bordeaux en 1921. Il a connu son heure de gloire dans les années 1950 en écrivant *Le travail c'est la santé* pour Henri Salvador. Ces amis de longue date ont travaillé en étroite collaboration avec, parfois, la participation du pianiste Bernard Michel. De 1971 à 1976, ils ont entre autres réalisé six albums pour enfants.

Maurice Pon, auteur prolifique, a écrit plusieurs titres pour Jean Sablon, Bourvil, Fernandel, Marcel Amont, Nana Mouskouri, Michel Fugain, Catherine Sauvage, Jacqueline François, Marie Laforêt, pour n'en nommer que quelques-uns.

Dans les années 1950, Henri Salvador a remporté un énorme succès avec *Maladie d'amour* et *Adieu foulard, adieu madras* et davantage en interprétant *Une chanson douce* (appelée aussi *Le loup, la biche et le chevalier*). Pourtant, au moment de sa lancée, bien peu de vedettes européennes ont cru bon de l'enregistrer. À part Jean Lumière, seule Lisette Jambel l'a reprise en 1951. Après 1980, Henri Dès et quelques autres chanteurs ont enregistré la berceuse à leur tour. Au Québec, Chantal Pary, Monique Saintonge, Les Three Bars et Jacqueline Lemay l'ont ajoutée à leurs albums.

D'après Claude Klein, un réputé historien de la chanson française, il y a dans *Une chanson douce* «un dialogue entre la mémoire, le rêve et la réalité représentée ici par la voix de Henri Salvador, dont les harmoniques charmeuses, discrètement soutenues par les percussions tropicales et la guitare, renforcent le pouvoir persuasif du boléro».

À l'époque de la naissance d'*Une chanson douce*, en 1950, peu de vedettes québécoises montent au palmarès, mis à part Fernand Robidoux (*J'ai trouvé Paris*), Willie Lamothe (*Allo, allo petit Michel*), Lucille Dumont (*Si tu viens danser dans mon village*), Jacques Normand (*En revenant de Québec*), Lise Roy (*Mes jeunes années*). En France, Charles Trenet, Tino Rossi, Georges Guétary, André Claveau, Édith Piaf occupent toujours les premiers rangs du vedettariat.

HENRI SALVADOR

Né le 18 juillet 1917, à Cayenne, en Guyane française

*H*enri Salvador appartient à une famille de trois enfants dont le père est guadeloupéen et la mère, indienne des Caraïbes. Il passe sa petite enfance en Guyane française jusqu'au jour où son père décide de partir pour la France où on lui offre un emploi de percepteur d'impôts. Henri qui a alors sept ans va au lycée du quartier, mais il aime bien faire l'école buissonnière et côtoyer les saltimbanques qui gagnent leur vie en chantant tout en s'accompagnant à l'accordéon. En 1931, il découvre le jazz lors d'un concours d'amateurs et se reconnaît dans cette musique. Louis Armstrong, Duke Ellington, Django Reinhardt deviennent vite ses idoles. Comme bien d'autres, Henri est appelé à faire son service militaire. Il quitte souvent la caserne pour explorer les cabarets parisiens ; il s'initie peu à peu à son futur métier. Après avoir joué dans de petits orchestres, il s'intègre, avec son frère André, aux ensembles de Bernard Hilda et Ray Ventura et délaisse le violon et la trompette pour la guitare.

En 1941, Henri Salvador et Ray Ventura partent en tournée pour l'Amérique du Sud. Henri se cantonnera au Brésil jusqu'à la fin du second conflit mondial.

De retour à Paris, il passe en vedette américaine dans le spectacle du fantaisiste Andrex. En 1947, il enregistre son premier 45-tours, *Maladie d'amour*, dont il est l'auteur, et

Clopin-clopant de Pierre Dudan et de Bruno Coquatrix et joue, l'année suivante, dans l'opérette *Le chevalier Bayard*, à l'Alhambra, avec Yves Montand et Ludmilla Tchérina.

En 1949, il remporte le Grand Prix de l'Académie Charles-Cros pour son interprétation de *Parce que ça lui donne du courage*, de Mireille et de Jean Nohain avec qui il réalise sa propre émission radiophonique *Quarante millions de Français.*

Un an plus tard, il prend pour épouse la délicieuse Jacqueline Garabedian, une femme enjouée, au sourire irrésistible.

Il part en tournée au Portugal, en Espagne et dans les pays maghrébins : la Tunisie, l'Algérie, le Maroc. Pour lui, vivre en musique, ce n'est pas du travail, mais des vacances soigneusement préparées.

Il vainc sa peur de l'avion et traverse l'Atlantique, en 1950, pour chanter à Montréal, au Continental, le cabaret de Jacques Normand. L'accueil chaleureux que lui réservent les Québécois l'incitera à revenir sept ans plus tard. À son répertoire, il greffe des rengaines de Boris Vian avec qui il a composé des centaines de chansons. Ses voyages en Amérique renforcent son image en Europe. Ses deux participations au Ed Sullivan Show font office de consécration internationale.

En 1962, Henri Salvador fonde sa propre maison de disques et d'éditions musicales. Sa femme est pour lui une alliée précieuse. «Sans elle, affirme-t-il, je serais devenu un fainéant. Elle a planifié ma carrière de producteur, d'animateur de radio et de télé, de concepteur et de réalisateur.»

La disparition de sa femme, en 1976, le laisse dans un profond chagrin et le plonge dans une période noire jusqu'au jour où son optimisme naturel refait surface. Il reprend du service à l'Hippodrome de la Porte de Pantin où il donne 60 représentations. La télévision et l'enregistrement de nouveaux albums l'accaparent.

Du 11 octobre au 11 novembre 1985, il interprète au Palais des Congrès de Paris les succès de son album intitulé *Henri*. En 1986, il épouse Sabine Élisabeth Marie-Chantal. L'année suivante, la SACEM lui décerne le Grand Prix de l'humour et il devient Chevalier de la Légion d'honneur. Acclamé au Festival de Jazz de Montreux en 1991, Henri Salvador donne ensuite une série de concerts au Casino de Paris et reçoit le Grand Prix d'honneur des Victoires de la musique pour l'ensemble de son œuvre. En octobre 2001, le président de la France, Jacques Chirac, le fait Commandeur de l'Ordre national du mérite.

À 84 ans, Henri Salvador n'a pas dit son dernier mot. Il reprend la route pour donner d'autres spectacles, présenter son album *Chambre avec vue* qui comprend 13 nouvelles chansons dont *Jardin d'hiver* et *Muraille de Chine*. En juillet 2002, il participe aux FrancoFolies de Montréal à la Place des Arts et en profite pour présenter au public Costa, sa nouvelle épouse. Il est aussi invité d'honneur aux Francofolies de La Rochelle. Il voyage, retourne en Guyane française, son pays d'origine.

En 2003, Henri Salvador entre au Musée Grévin où il côtoie, en statue de cire, Jean-Paul Sartre. À 86 ans, le chanteur se dit opposé à la retraite. Il vient de sortir un nouvel album *Ma chère et tendre* et accepte plusieurs engagements dans divers pays, qu'il compte bien respecter.

À la veille de son grand retour sur scène au Palais des Congrès de Paris, Salvador a reçu le Grand Prix de l'Union nationale des auteurs et compositeurs pour l'ensemble de sa carrière. Pour ce grand honneur il était en compétition, en 2005, avec deux autres géants de la francophonie, Serge Lama et Jean-Jacques Goldman. Depuis, il continue de sillonner les continents.

Le vieux routier ne craint pas d'émettre ses opinions. Il se confie à Alain Brunet, de *La Presse* : «Les maisons de disques n'ont cessé de pousser le mauvais goût, ces conneries qui font des sous… Le public, lui, est toujours amoureux de la belle chanson, mais on ne lui en donne pas. On lui donne n'importe quoi! Et dire que j'ai freiné tout ça sans le savoir; lorsque j'ai sorti mon disque, le public s'est rappelé. Et ça, c'est merveilleux. »

Marcel Brouillard, auteur du livre, et Henri Salvador

1956

QUAND ON N'A QUE L'AMOUR

Paroles
Jacques Brel

Musique
Jacques Brel

Interprètes

Isabelle Aubret
Dalida
Céline Dion
Didier Dumoutier
Pierrot Fournier
Yoland Guérard
Daniel Guichard
Michel Louvain
Barry Manilow
Nicole Martin
Alain Morisod et
Sweet People
Nicoletta
Danielle Oddera
Mort Shuman
Frank Sinatra
Michèle Torr
...

JACQUES BREL

QUAND ON N'A QUE L'AMOUR

Quand on n'a que l'amour
À s'offrir en partage
Au jour du grand voyage
Qu'est notre grand amour
Quand on n'a que l'amour
Mon amour toi et moi
Pour qu'éclatent de joie
Chaque heure
et chaque jour
Quand on n'a que l'amour
Pour vivre nos promesses
Sans nulle autre richesse
Que d'y croire toujours
Quand on n'a que l'amour
Pour meubler de merveilles
Et couvrir de soleil
La laideur des faubourgs
Quand on n'a que l'amour
Pour unique raison
Pour unique chanson
Et unique secours

Quand on n'a que l'amour
Pour habiller matin
Pauvres et malandrins
De manteaux de velours

Quand on n'a que l'amour
À offrir en prière
Pour les maux de la terre
En simple troubadour
Quand on n'a que l'amour
À offrir à ceux-là
Dont l'unique combat
Est de chercher le jour
Quand on n'a que l'amour
Pour tracer un chemin
Et forcer le destin
À chaque carrefour
Quand on n'a que l'amour
Pour parler aux canons
Et rien qu'une chanson
Pour convaincre
un tambour

Alors sans avoir rien
Que la force d'aimer
Nous aurons
dans nos mains
Amis le monde entier

QUAND ON N'A QUE L'AMOUR

1956

L'idéalisme de Jacques Brel est à son apogée et son amour pour l'humanité est des plus évident quand, en 1956, il compose *Quand on n'a que l'amour*. Très vite, les stations de radio font tourner ce chef-d'œuvre et cela, encore plus que *Milord*. C'est l'année de la naissance de la troisième fille de Brel, Isabelle, dont il immortalisera le nom dans une chanson qui commence ainsi : «Quand Isabelle chante, plus rien ne bouge. Quand Isabelle chante au berceau de sa joie…»

Dans les paroles de *Quand on n'a que l'amour*, Grand Prix de l'Académie Charles-Cros (1957), on retrouve la fine sensibilité de Brel préoccupé par l'aventure humaine et probablement par ses angoisses personnelles et sa hantise de la mort. Il s'interroge sur la complexité de la vie. Est-il davantage un poète qu'un troubadour?

Une autre des grandes chansons de Jacques Brel, *Ne me quitte pas*, a été enregistrée par des vedettes internationales du calibre de Frank Sinatra, Ray Charles, Tom Jones, Joan Baez, David Bowie, Shirley Bassey, Barry Manilow, Nina Simone. Ces deux diamants trouvent partout un terrain fertile pour émerger, car le thème a une résonance dans tous les cœurs.

C'est probablement au Québec que le plus grand nombre d'interprètes ont inséré sur leurs albums *Quand on n'a que l'amour*. On relève principalement les noms de Céline Dion, Nicole Martin et Danielle Oddera, qui a rendu les plus vibrants hommages à son ami Brel tout au long de sa carrière et davantage depuis sa mort, en 1978. Elle a présenté au Théâtre de Quat' sous, en 1981, un spectacle intitulé : *Je persiste et signe... Brel.* Elle l'a offert au public dans le cadre de tournées au Québec et à l'étranger. Les anglophones la portent aux nues autant que les francophones.

En 1983, la Fondation internationale Jacques Brel, association sans but lucratif, a publié une édition intégrale de ses œuvres. Cette année-là, Serge Lama a enregistré un album consacré à son ami Brel. On trouve aussi *La quête* sur un disque de Julien Clerc. Pour sa part, Madly Bamy, dernière compagne de l'illustre disparu, signe un livre document qui raconte la vie de Jacques Brel, ses beaux moments de bonheur et sa longue maladie.

2003 fut l'année Brel en Belgique, son pays natal. Pour marquer le 25ᵉ anniversaire de sa mort, le 9 octobre 1978, des événements grandioses ont eu lieu à Liège, mais surtout à Bruxelles. Le public se souviendra longtemps de ce ballet signé Béjart, dont les trames sonores étaient faites des musiques de Brel. Grâce au travail et à la persévérance de sa fille France, il y a eu cette belle exposition Brel et ce concert de grande envergure sur la Grand-Place de Bruxelles. Chaque jour qui passe nous fait regretter l'être inoubliable qui nous a laissé cette divine chanson *Quand on n'a que l'amour*.

JACQUES BREL

Né le 8 avril 1929, à Bruxelles (Belgique)

*L*e père de Jacques Brel s'appelle Romain. Ce francophone d'origine flamande souhaite que ses fils, Jacques
et Pierre, prennent le contrôle de l'usine de cartonnerie.
Mais la mère Lisette (Élisa Lambertine) est tout à fait con-
sciente que Jacques est plus à l'aise avec le monde de la
poésie qu'avec celui des affaires. Le rêveur profite large-
ment de l'aisance familiale.

Enfant, Jacques Brel se déplace dans une voiture
luxueuse avec son propre chauffeur. Le trajet est souvent
le même : il se fait conduire à l'école des Frères Saint-
Viateur ou aux bureaux de la compagnie de son père qui
engage une centaine d'ouvriers. Il y travaille avec Pierre,
son frère aîné, pendant cinq ans. Très tôt, l'adolescent s'est
familiarisé avec les auteurs Verlaine et Hugo. Il rêve en
silence d'une carrière qui serait éloignée du carton.

Peu porté sur le sport, à part le cyclisme, Jacques a le
théâtre dans le sang et fait rigoler ses camarades en imitant
Chaplin, Chevalier et Hitler. Comme membre actif de la
Franche Cordée, mouvement de jeunesse catholique, il lui
arrive de chanter dans les hôpitaux et les résidences
d'aînés, tout en s'accompagnant lui-même à la guitare.

En 1950, à 21 ans, après une année de service militaire,
Jacques Brel épouse Thérèse Michielsen, qu'il appelle
Miche. De cette union naîtront trois filles : Chantal, France

et Isabelle. Le chanteur fait des débuts modestes dans les fêtes paroissiales et enregistre un 78-tours à Bruxelles. Trois ans plus tard, Jacques Canetti, alors directeur chez Philips, tombe par hasard sur le disque en question. Il l'écoute et s'empresse d'inviter Brel à Paris. Le poète quitte l'usine et sa famille pour tenter sa chance dans la grande ville où il connaîtra une période de pain noir et de vaches maigres.

Après avoir lancé Félix Leclerc et Georges Brassens avec succès, Jacques Canetti entreprend d'en faire autant avec sa nouvelle découverte. Au début de 1954, il lui fait enregistrer un microsillon comprenant *Il peut pleuvoir*, *Le fou du roi*, *Sur la place* et *Grand Jacques*, sur des arrangements d'André Grassi. La même année, Brel débute aux Trois Baudets avec Serge Gainsbourg. Pendant cinq ans, il arpente la rive gauche trois ou quatre fois par soir. On le voit Chez Geneviève, où il doit laver les verres, à L'Écluse, à L'Échelle de Jacob, chez Suzy Solidor ou chez Patachou, sur la butte Montmartre où il habite.

Jacques Brel entreprend une tournée d'été avec Philippe Clay et Catherine Sauvage et apprend que Juliette Gréco vient d'enregistrer une de ses chansons, *Le diable*. Du 8 au 22 juillet 1954, il chante quelques refrains à l'Olympia où se produisent en vedette Billy Eckstine et la grande Damia. C'est cependant à l'Ancienne Belgique, à Bruxelles, que l'enfant prodigue connaîtra un véritable succès, entouré des siens et de son père qui lui a pardonné d'avoir délaissé la cartonnerie familiale. Puis, il s'installe dans la banlieue de Paris avec Miche et ses deux filles, Chantal et France. Isabelle naîtra deux ans plus tard.

Quand on n'a que l'amour arrive à point, en 1956, pour cimenter sa carrière. Brel connaît ses premiers triomphes à l'Alhambra avec Zizi Jeanmaire, reçoit des ovations monstres à Bobino et à l'Olympia, avant d'entreprendre des tournées épuisantes à l'étranger, notamment à Montréal et à Québec, au cabaret Chez Gérard, en mars 1961. Prisonnier de son succès, il ne peut résister au tourbillon qui l'emporte.

Jusqu'en 1967, Jacques Brel s'investit totalement sur la scène et donne près de 300 spectacles par année. Il chante partout, en U.R.S.S., en Pologne, en Roumanie et au Carnegie Hall de New York. À la Comédie Canadienne, à Montréal, Renée Claude, Danielle Oddera ou Raymond Devos assurent les premières parties de ses spectacles. Chaque représentation se termine immanquablement dans la boîte à chansons de la grande amie de Brel, Clairette.

Chaque fois qu'il reprend l'affiche à Paris, dans des théâtres à guichets fermés, Jacques Brel sort de son baluchon ses grandes chansons telles que *Ne me quitte pas, On n'oublie rien, La valse à mille temps, Rosa, Les vieux, Le plat pays, Amsterdam, Les bonbons*, sans oublier ses personnages légendaires : *Madeleine, Jeff, Mathilde, Jacky* et *La Fanette*, chanson reprise avec succès par Isabelle Aubret.

Et puis, le 6 octobre 1966, au faîte de sa gloire et après plus d'un concert triomphal à l'Olympia, Jacques Brel annonce qu'il se retire, qu'il ne fera plus de tours de chant. Il fait alors ses adieux définitifs. Ce soir-là, il quitte la scène, applaudi à tout rompre, pour revenir en peignoir saluer la foule qui chante *Ne nous quitte pas*. Fidèle à sa parole, il passe une autre année à respecter ses engagements. Il termine donc ses trois semaines à l'Olympia de Paris, se produit au Québec, aux États-Unis et en France. Le 17 mai 1967 est la date où il donne son tout dernier spectacle à Roubaix et met définitivement un terme à sa carrière sur scène à l'âge de 37 ans.

Mais après cette sortie subite de scène, Jacques Brel ne se tourne pas pour autant les pouces. Il entend d'abord prouver qu'il peut réussir avec sa comédie musicale *L'homme de la Mancha* dans laquelle il interprète le rôle de Don Quichotte. Il relève d'abord le défi à New York, puis au Théâtre royal de la Monnaie, à Bruxelles, en octobre 1968, et enfin à Paris, au Théâtre des Champs-Élysées.

Brel entreprend également une carrière au cinéma que ce soit comme acteur, metteur en scène ou producteur. De 1967 à 1974, il joue des rôles dans 11 films, entre autres, dans *L'aventure, c'est l'aventure*, *La bande à Bonnot*, *L'emmerdeur*, *Far West*, avec Juliette Gréco. Il fait une apparition dans un film de Denis Héroux tiré de la comédie musicale américaine *Brel Is Alive*. Il chante *Ne me quitte pas*.

Peu après sa première intervention chirurgicale, il part avec sa fille France et Madly Bamy, sa compagne guadeloupéenne. Il jette l'ancre de son voilier de 18 mètres, l'Askoy, dans l'archipel des Marquises. C'est dans son propre avion que Jacques Brel se déplacera vers Tahiti ou dans ces îles magnifiques immortalisées par les peintures de Gauguin.

En septembre 1977, Brel revient à Paris et demande à Eddie Barclay de lui louer un studio pour enregistrer un dernier album intitulé *Brel* et qui est une sorte de testament. Malgré ses souffrances, il chante avec assurance et conviction *Jaurès*, *La ville s'endormait*, *Vieillir*, *Le bon Dieu*, *Voir un ami pleurer*, *Orly*, *Les Marquises*, etc. L'homme au grand cœur exige qu'une grande partie des recettes soient versées au Centre médical de recherche sur le cancer et l'autre partie à son épouse et à ses trois filles. Les ventes de son dernier microsillon atteindront plusieurs millions d'exemplaires.

Depuis son décès, le 9 octobre 1978 à l'hôpital de Bobigny, près de Paris, et le retour de son corps à Tahiti, on continue de célébrer Jacques Brel dans le monde. En 1981, Frédéric Rossif a tourné un documentaire, *Brel*, pour rendre hommage au comédien et chanteur. Tourné en noir et blanc, ce document se compose de films d'actualité et de bandes télévisées inédites. Durant l'été 2002, soit 25 ans après sa mort, *L'homme de la Mancha*, mis en scène par René Richard Cyr, a repris l'affiche au Québec. D'une année à l'autre, cette production refait surface dans la francophonie.

1967

L'IMPORTANT, C'EST LA ROSE

Paroles
Louis Amade

Musique
Gilbert Bécaud

Interprètes

Denis Champoux
Les Crooners
James Last
Aimé Major
Paul Mauriat
Alain Morisod et
Sweet People
Janie Olivier
Roger Rancourt

GILBERT BÉCAUD

L'IMPORTANT, C'EST LA ROSE

Toi qui marches dans le vent
Seul dans la trop grande ville
Avec le cafard tranquille
Du passant
Toi qu'elle a laissé tomber
Pour courir vers
d'autres lunes
Pour courir d'autres fortunes
L'important

(Refrain)

L'important, c'est la rose
L'important, c'est la rose
L'important, c'est la rose
Crois-moi

Toi qui cherches
quelque argent
Pour te boucler la semaine
Dans la ville tu promènes
Ton ballant
Cascadeur soleil couchant
Tu passes devant les banques
Si tu n'es que saltimbanque
L'important

(Au refrain)

Toi petit que tes parents
Ont laissé seul sur la terre
Petit oiseau sans lumière
Sans printemps
Dans ta veste de drap blanc
Il fait froid
comme en Bohême
T'as le cœur
comme en carême
Et pourtant

(Au refrain)

Toi pour qui donnant
donnant
J'ai chanté
ces quelques lignes
Comme pour te faire
un signe
En passant
Dis à ton tour maintenant
Que la vie n'a d'importance
Que par une fleur qui danse
Sur le temps

(Au refrain)

74

L'IMPORTANT, C'EST LA ROSE

1967

*A*llons, messieurs, voyons, l'important c'est la rose! s'est exclamé un agent de la circulation en dressant un constat alors que le chauffeur de Louis Amade venait de déraper et que la voiture se retrouvait au milieu d'un jardin de fleurs.

Ces paroles ne sont pas tombées dans l'oreille d'un sourd. Louis Amade, qui était présent lors de cette embardée, s'en est saisi, ce qui a donné naissance aux paroles de cette chanson si populaire que tous connaissent si bien et aiment fredonner encore et encore : *L'important, c'est la rose*. Mais qui est Louis Amade, au juste?

Louis Amade (1915-1992) occupe un poste de chef de cabinet du préfet de Seine-et-Oise et est responsable des relations publiques à la préfecture de police de Paris. Il est aussi un grand parolier et, pour lui, un métier n'exclut pas l'autre. Il possède cette faculté peu commune d'écrire avec facilité, de débusquer les émotions, de les traduire pour qu'elles touchent des auditoires variés.

De plus, grâce à Édith Piaf, il a rencontré Gilbert Bécaud et ils sont devenus inséparables. Effectivement, des liens de franche camaraderie les unissent. Ils passent des heures à discuter, se comprennent, partagent des idées, s'entendent sur les airs qui accompagneront les paroles du grand créateur. *La ballade des baladins, Les marchés de Provence, Le*

75

rideau rouge, Un peu d'amour et d'amitié, Quand il est mort le poète, Les croix sont tous des tubes qui séduisent aussi bien la francophonie que les pays étrangers. Plusieurs de ces chansons sont traduites en de nombreuses langues, elles voyagent à un rythme accéléré, traversent les frontières, et partout sur leur chemin remportent un franc succès.

Rappelant les meilleurs moments de leur collaboration, Louis Amade dira : «Cramponné à mon stylo, Gilbert assis devant son piano, nous avions développé une belle connivence créatrice. En 1973, lorsque je remis à mon meilleur ami Gilbert, au nom du Gouvernement, la Légion d'honneur alors qu'il triomphait à l'Olympia et que sa mère, venue du Var, se trouvait dans la salle, parmi les spectateurs, fut sans contredit l'un des plus beaux jours de ma vie.»

C'est pendant une période de remise en question du système économique de la planète et de la convergence visant, par des fusions, à mobiliser toutes les ressources d'une entreprise pour conquérir des parts du marché que *L'important, c'est la rose* fut écrite et lancée. Elle apporta un vent de fraîcheur parmi la grande confusion qui régnait alors. Elle rappelait aux acteurs de la comédie humaine le sens des valeurs véritables. Du reste, les paroles «Toi qui marches dans le vent, pour courir vers d'autres lunes» n'expriment-elles pas la futilité des hommes à la recherche de leurs chimères et de leurs obsessions?

GILBERT BÉCAUD

Monsieur 100 000 volts

Né François Silly, le 24 octobre 1927 à Toulon (France)

Comment raconter en quelques pages la vie de Gilbert Bécaud, définir sa personnalité, décortiquer son œuvre et sa carrière, ausculter sa sensibilité, mesurer son talent énorme, évaluer l'impact de sa démarche dans son espace créateur?

Alors qu'il avait seulement quatre ans, François Silly, alias Gilbert Bécaud, a déjà un coup de foudre pour la musique. Il entasse de gros bouquins sur le tabouret devant le piano de son grand-père afin d'atteindre le clavier. Alors que l'aïeul lui ordonne de descendre, l'enfant répond : «Écoute, grand-père, ce que je viens de composer pour toi!» Fier de son petit-fils, le grand-père lui lègue son piano avant de mourir. «C'était un piano magique, dira plus tard Bécaud. C'est avec lui que je composais et, croyez-le ou non, il me dictait mes notes!»

Tout jeune encore, François Silly perd son père et la famille quitte Toulon pour la Côte d'Azur. François passe son enfance et son adolescence à Nice où il travaille pour son beau-père. À 15 ans, il entre au Conservatoire de Nice.

En 1942, vers la fin de l'année, la mère de François, en accord avec son mari, décide de déménager à Paris afin que leur fils puisse profiter des plus grands professeurs de musique. Ils sont à peine installés que Jean, le frère de François, se réfugie dans le Vercors où, avec quelque 3 500 résistants, il mène un combat contre les troupes allemandes afin de les empêcher de rejoindre le front de Normandie. Il entraîne la famille avec lui et ils prennent le maquis à Albertville, en Savoie, juste avant les bombardements de 1943. Après la Libération, François rejoint sa mère qui était rentrée à Paris avant lui; ils vivent alors dans un HLM gris aux fenêtres étroites.

En 1946, François commence à écrire de la musique pour des courts métrages et compose des chansons en secret, entre autres pour Pierre Delanoë. Pour vivre, il joue du piano dans les boîtes de nuit. En 1950, François décide de prendre le nom de son beau-père; il s'appellera désormais Gilbert Bécaud. Cette même année, il rencontre Jacques Pills et entreprend une carrière de pianiste professionnel auprès de lui. De 1950 à 1952, ils parcourent le monde en tous sens. Édith Piaf se joindra à eux en 1952 pour une tournée sur le continent américain.

En 1953, Gilbert Bécaud épouse Monique Nicolas, une comédienne de 15 ans qu'il a rencontrée alors qu'il en avait 18. De cette union naîtront Gilbert (Gaya), puis Pierre (Pilou) et enfin Anne-Dominique (Pinpin). Pendant ces années, Monique Nicolas obtient, tant bien que mal, quelques rôles au théâtre tandis que Bécaud vole de ses propres ailes. Il va sans dire que le couple ne roule pas sur l'or. À plusieurs reprises, Gilbert Bécaud dira de sa première femme : «Je lui dois mon succès. Elle a cru en moi et m'a fait confiance.» Gilbert Bécaud, le charmeur, est courtisé par bien des femmes et ce n'est pas la fidélité qui l'étouffe. Il a du reste une liaison secrète avec la Londonienne Janet Woolaccot, femme de Claude François avant qu'il ne devienne célèbre, qui lui donne une fille, Jennifer. C'est aussi l'année où Bécaud triomphe à l'Olympia. Il y chante jusqu'à six fois par jour et revient à l'affiche en 1954. En spectacle à Québec au cabaret Chez Gérard, en 1955, il éblouit ses auditoires.

Infatigable, Monsieur 100 000 volts sillonne les routes du monde entier et mène une carrière éblouissante sur toutes les scènes. Qu'il s'agisse de *What now my love* (Et maintenant) interprétée par Frank Sinatra et Herb Alpert, ou *Let it be me* (Je t'appartiens) et *It must be him* (Quand on est seul sur son étoile) par Bob Dylan et les Everly Brothers, le succès de Bécaud est immense. L'ex-URSS, l'Afrique, le Japon, les Amériques lui ouvrent grand les bras. Au Québec, Bécaud, accompagné de son violoneux, Monsieur Pointu, fait l'objet d'un véritable culte. *Le jour où la pluie viendra, La grosse noce, Nathalie, Le pianiste de Varsovie, Le petit oiseau de toutes les couleurs, Le bain de minuit* figurent toutes parmi les chansons qui ont exercé leur magie et pénétré l'âme québécoise.

En 1957, Bécaud fait une entrée remarquable au cinéma dans *Le pays d'où je viens* de Marcel Carné, un film poétique où il interprète un double rôle aux côtés de Françoise Arnoul. C'est une véritable révélation... Bécaud est un excellent acteur. Sans plus attendre, il entreprend le tournage de *Casino de Paris* avec Caterina Valente. Deux films pour lesquels il écrit la musique et les chansons.

Selon Jean Cocteau et François Mauriac, Bécaud aurait pu devenir un grand acteur de cinéma, dans la lignée de Jean Gabin et Lino Ventura, s'il avait poursuivi sa carrière. Jusqu'en 1979, il tournera dans sept films et, malgré le brillant avenir qu'on lui prédit dans le cinéma, son amour de la scène l'emporte.

Le 25 octobre 1962 est peut-être l'une des dates les plus importantes de la vie de Bécaud. C'est le soir où le rideau du Théâtre des Champs-Élysées se lève sur son opéra *Aran*, un drame lyrique qu'il a écrit avec Louis Amade. Après le spectacle, les opinions sont très mitigées. Certains adorent, d'autres non. Le succès tant espéré par Bécaud n'est pas au rendez-vous, mais l'opéra est tout de même joué plus de cent fois.

L'année 1966 marque un tournant dans la carrière du grand homme, puisqu'il fait la conquête de Broadway où il tient un engagement record de trois semaines.

En 1968, dans l'avion qui le transporte vers New York, son regard croise celui de Kitty Saint-John. C'est le coup de foudre! La naissance de leur fille Emily se solde par leur mariage en 1976. Sept ans plus tard, ils adoptent Noï, une petite Laotienne de sept ans.

Entre ses tournées et ses spectacles nombreux, Gilbert Bécaud partage ses temps libres entre son chalet à Crans-sur-Sierre, en Suisse, et sa ferme du Poitou où sa femme élève des alezans.

Il termine ses jours à bord de la luxueuse péniche ancrée sur la Seine. Malgré le cancer qui le ronge, il s'efforce de donner à sa famille et ses amis une image de sérénité. Il s'éteint le 18 décembre 2001, entouré de ses enfants, de ses proches et de bons amis.

En signe d'adieu, il laisse derrière lui son dernier album, *Mon cap,* dans lequel il chante *Je partirai* avec son vieil ami Serge Lama qui, depuis ce jour, ne cesse de lui rendre hommage. C'est Goya qui en a signé la réalisation selon «les instructions et les souhaits que lui avait formulés son père».

Il dira de ce dernier que ses chansons préférées étaient «les prochaines», car «c'est quelqu'un qui détestait le passé. Il comprenait que les gens veuillent qu'il chante *Nathalie, Et maintenant* ou ce genre de chansons-là, mais ce qui l'intéressait, c'est ce qu'il allait faire le lendemain.»

1968

CENT MILLE
CHANSONS

Paroles
Eddy Marnay

Musique
Michel Magne

Interprètes

Richard Abel
Claudette Auchu
Georges Coulombe
Serge Fontane
Suzanne Lapointe
Raymond Lefebvre
Paul Mauriat
Marie Denise Pelletier
Isabelle Pierre
Lou Tremblay
Zomphir
...

FRIDA BOCCARA

CENT MILLE CHANSONS

Il y aura cent mille chansons
Quand viendra le temps
des cent mille saisons
Cent mille amoureux
Pareils à nous deux
Dans le lit tout bleu
de la terre

Cent mille chansons
rien qu'à nous
Cent mille horizons
devant nous
Partagés de bonheur
Tout étonnés de nos cœurs
Et des châteaux insensés
Et des bateaux étoilés
Et des étoiles oubliées
Et tes yeux et mes yeux
Dans un océan d'amour

Il y aura cent mille chansons
Quand viendra le temps
des cent mille saisons
Cent mille maisons
Gravées à ton nom
Parmi les moissons
de la terre

Cent mille chansons
rien qu'à nous
Cent mille horizons
devant nous
Partagés de bonheur
Tout étonnés de nos cœurs
Et des pays reconnus
Et des forêts éperdues
Et des chagrins défendus
Et tes yeux et mes yeux
Dans un océan d'amour

CENT MILLE CHANSONS
1968

Cent mille chansons d'Eddy Marnay et Michel Magne s'insère dans une nouvelle vague sentimentale, au beau milieu des années rock'n'roll et yé-yé de Johnny Hallyday, Sylvie Vartan, Claude François, Michel Pagliaro. Si l'on replonge dans l'histoire de l'humanité, il y a eu au cours des siècles, non pas 100 000 chansons, mais des millions de refrains dont beaucoup, d'auteurs connus ou anonymes, continuent d'être transmis d'une génération à l'autre.

Si la chanson traditionnelle française maintient le cap, au cours des années 60, avec des auteurs-compositeurs de la trempe de Charles Aznavour, Félix Leclerc, Barbara, la jeunesse est de plus en plus divisée entre rockers et hippies, ce qui ne l'empêche pas de chanter *L'école est finie* avec Sheila, *Capri c'est fini* avec Hervé Villard ou *Je reviens chez nous* avec Jean-Pierre Ferland. C'est bien connu, la mode finit toujours par se démoder.

L'auteur Eddy Marnay, de son vrai nom Edmond Bacri, est né en Algérie en 1920. Il s'installe à Paris avec sa famille, au début des années 30, à l'époque où Mistinguett, Tino Rossi et Lucienne Boyer prennent leur envol dans toute la francophonie. Au Québec, c'est la Bolduc, Ovila Légaré et Jean Lalonde qui tiennent le haut du pavé.

Après une courte carrière dans le journalisme, Eddy Marnay fait des monologues, devient scénariste puis metteur en scène au cinéma. Mais les chansons lui trottent dans la tête. C'est comme chanteur qu'il débute au Quod Libel où Stéphane Golmann et Francis Lemarque font leurs débuts.

Eddy Marnay, avec la complicité de Léo Ferré, écrit, en 1948, *Les amants de Paris* pour la grande Édith Piaf. C'est l'escalade de la renommée pour ce parolier de plus de 3 000 chansons. Avec son fidèle ami, Émile Stern, naissent des succès inoubliables : *Planter café* (Yves Montand), *La ballade irlandaise* (Bourvil), *Le canotier* (Maurice Chevalier), *Ivan, Boris et moi* (Marie Laforêt).

Au début des années 80, Eddy Marnay fait la connaissance de Céline Dion. Un an plus tard, l'adolescente de 14 ans décroche la médaille d'or au Festival Yamaha de Tokyo et un disque d'or en France avec *D'amour et d'amitié*. Au Québec, Céline reçoit le Félix de l'année en 1983 avec une autre composition de Marnay : *Tellement j'ai d'amour pour toi*. De nombreux prix soulignent le talent d'Eddy Marnay : la Rose d'Or d'Antibes avec *Ceux de Varsovie* (Jacqueline Dulac) en 1967 ; Grand Prix de l'Eurovision avec *Un jour, un enfant* (Frida Boccara) en 1969 et Marie Denise Pelletier en 2003.

Pour l'ensemble de son œuvre colossale, le président de la SACEM, Pierre Delanoë, lui décerne le Grand Prix de cet organisme, en 1985. Pour parachever sa consécration, Eddy Marnay s'est vu octroyer par le président de la France, François Mitterrand, le titre de Chevalier de la Légion d'honneur. À l'âge de 82 ans, le 3 janvier 2003, Eddy Marnay a quitté ce monde, se hissant aux premières places d'une histoire qui n'a pas de fin, celle de l'immortalité de la belle chanson.

FRIDA BOCCARA

Née en 1940, à Casablanca (Maroc)

Au début des années 1950, comme beaucoup de familles maghrébines fascinées par la France, son music-hall, sa gastronomie et sa vie grouillante d'événements, Frida Boccara s'installe à Paris avec les siens. Au départ, après des études secondaires, la jeune femme se destine au chant classique plutôt qu'à la chanson populaire. Son stage au Petit conservatoire de Mireille modifie de fond en comble son but premier. Le trio qu'elle forme avec sa sœur et son frère l'aide fortement dans son choix à saisir les attentes des Parisiens de l'époque.

En 1960, au théâtre Alhambra qui niche rue Malte à Paris, elle remporte le prix Relais de la chanson avec *Le monde est grand*. Frida Boccara le sait trop bien et ne déteste pas voyager et se frotter à des auditoires différents. En 1966, la chanteuse effectue une tournée dans les pays de l'Est. En 1969, elle décroche le premier prix du Festival de Sofia, en Bulgarie, avec *Un jour, un enfant*, ce qui donne des ailes à sa carrière.

De retour des pays soviétiques, Eddy Marnay lui propose *Cent mille chansons*, mélodie qui sert de thème au film de Roger Vadim, *Le repos du guerrier*. Grâce à Buck Ram, auteur de *Only You* et imprésario des Platters,

Boccara internationalise sa carrière autant en Europe que dans les Amériques. Elle joue une splendide carte à Bobino, en 1970, partageant la vedette avec l'inoubliable Georges Brassens.

Eddy Marnay la couve d'un regard bienveillant, suit sa progression. Il connaît, dans les nuances, son talent de chanteuse, aussi l'aide-t-il à bâtir sur mesure un répertoire qui lui convient, *Les moulins de mon cœur, Belle du Luxembourg, L'enfant aux cymbales*. En 1971, son interprétation de *Pour vivre ensemble* lui vaut une belle continuité, car elle émerge au palmarès de toute la francophonie, du Maghreb au Proche-Orient et jusqu'en Louisiane. Entre 1971 et 1975, à la Place des Arts de Montréal, Frida Boccara a charmé une quinzaine de fois les gens venus de partout pour l'entendre.

En 1972, la belle Chantal Pary fait de *Pour vivre ensemble* la pièce de résistance de tous ses spectacles, chanson que l'on retrouve sur son album, *Portrait d'une vie*, en 2002. D'excellents musiciens, Paul Mauriat, Raymond Lefebvre, Claudette Auchu, Zamfir, Serge Fontane, Richard Abel ont aussi mis à leur répertoire cette superbe mélodie.

En 1988, après 13 ans d'absence, Frida Boccara débarque à Montréal, entourée de son frère et de sa sœur, pour offrir à ses admirateurs une belle gamme de succès nourris par la sève de sa voix généreuse. Sur scène, la diva fait des confidences à son parterre. Elle proclame son attachement pour les valeurs familiales, se dit heureuse avec ses proches, là où ses émotions palpitent. Elle ne craint pas d'affirmer ses convictions profondes. Au sujet de Félix Leclerc elle raconte : «Moi qui suis née au Maroc, au soleil, lorsque j'imaginais les veillées dans les pays de neige, je les voyais avec les yeux de ce poète québécois qui a su si magnifiquement représenter son pays dans toute la francophonie. Je connais toutes les saisons du Québec. Voilà le soleil et la neige complices grâce à l'auteur du *P'tit bonheur.*»

Frida Boccara est sans doute sur terre la seule artiste à pouvoir chanter en 13 langues, ce qu'elle a fait dans les 80 pays qui l'ont accueillie. On ne s'étonne donc pas que sa patrie d'adoption lui décerne le titre envié de Chevalier des Arts et des Lettres de France.

De santé fragile, mais mue par une volonté d'acier, elle se retira progressivement de la scène et la quitta au début de 1990. À son émission *La chance aux chansons*, Pascal Sevran ne lui a pas ménagé ses sincères hommages, la décrivant comme une ambassadrice de qualité sur la route qu'Eddy Marnay traça pour elle en lui confiant ses plus belles créations.

Souffrant d'une infection pulmonaire, Frida Boccara est décédée à Paris le 1er août 1996, laissant derrière elle le souvenir d'une artiste rigoureuse dans tout ce qu'elle entreprenait. À 32 ans, Tristan, son fils, a pris sa relève. Compositeur et interprète, il a une voix similaire à celle de sa mère : mêmes intonations, même intensité et ce petit quelque chose de familial qui ne trompe pas, une authentique passion.

1969

LES MOULINS DE MON CŒUR

Paroles
Eddy Marnay

Musique
Michel Legrand

Interprètes

Didier Barbelivien
Anne Bisson
Frida Boccara
Grégory Charles
Céline Dion
Monique Fauteux
Claude François
Vicky Leandros
Michel Legrand
Eddy Marnay
Mireille Mathieu
Orchestre symphonique de
Londres
Marie Denise Pelletier
Ginette Reno
Pière Senécal
...

CLAUDE VALADE

LES MOULINS DE MON CŒUR

Comme une pierre que l'on jette
Dans l'eau vive d'un ruisseau
Et qui laisse derrière elle
Des milliers de ronds dans l'eau
Comme un manège de lune
Avec ses chevaux d'étoiles
Comme un anneau de Saturne
Un ballon de carnaval
Comme un chemin de ronde
Que font sans cesse les heures
Le voyage autour du monde
D'un tournesol dans sa fleur
Tu fais tourner de ton nom
Tous les moulins de mon cœur

Comme un écheveau de laine
Entre les mains d'un enfant
Ou les mots d'une rengaine
Pris dans les harpes du vent
Comme un tourbillon de neige
Comme un vol de goélands
Sur des forêts de Norvège
Sur des moutons d'océan
Comme le chemin de ronde
Que font sans cesse les heures
Le voyage autour du monde
D'un tournesol dans sa fleur
Tu fais tourner de ton nom
Tous les moulins de mon cœur

Ce jour-là près de la source
Dieu sait ce que tu m'as dit
Mais l'été finit sa course
L'oiseau tomba de son nid
Et voilà que sur le sable
Nos pas s'effacent déjà
Et je suis seul à la table
Qui résonne sous mes doigts
Comme un tambourin
qui pleure
Sous les gouttes de la pluie
Comme les chansons
qui meurent
Aussitôt qu'on les oublie
Et les feuilles de l'automne
Rencontrent des ciels moins bleus
Et ton absence leur donne
La couleur de tes cheveux

Une pierre que l'on jette
Dans l'eau vive d'un ruisseau
Et qui laisse derrière elle
Des milliers de ronds dans l'eau
Au vent des quatre saisons
Tu fais tourner de ton nom
Tous les moulins de mon cœur

United Artist Music Co. Ltd.
© EMI Music-Publishing
1969

90

LES MOULINS DE MON CŒUR

1969

En 1969, deux ans après l'Exposition universelle (Expo 67) qui a attiré à Montréal des millions de visiteurs, l'année où les Américains foulèrent la Lune, Frida Boccara et Claude Valade enregistrèrent *Les moulins de mon cœur* : deux styles différents, deux excellentes interprétations. Une magnifique adaptation française.

Né à Alger en 1920, Eddy Marnay connut une fabuleuse carrière. Musicien, d'abord interprète, il s'impose par sa polyvalence, mais ce sera surtout comme parolier qu'il prendra sa place parmi les meilleurs. Lors du décès de Marnay en 2003, Céline Dion eut des mots touchants pour celui qu'elle considérait comme un guide et son mentor.

Dès 1948, l'unique Édith Piaf interpréta l'une de ses compositions, *Les amants de Paris*. Au contact de grands musiciens, Émile Stern, Henri Salvador, Michel Legrand, Eddy Marnay fit sa marque. À cette époque vont surgir une kyrielle de géants reliés au monde musical. Michel Legrand, avec des classiques tels *Les parapluies de Sherbourg*, ou *Les demoiselles de Rochefort*, va mettre son talent au service d'étourdissantes créations.

On désigne Michel Legrand comme le grand seigneur de la chanson française : son père est le chef d'orchestre et compositeur Raymond Legrand, sa sœur Christiane fut la soprano des Swingle Singers, un groupe vocal franco-américain, très populaire dans les années 60. Au début de sa carrière, il accompagne au piano Maurice Chevalier, Henri Salvador, puis, plus tard, Juliette Gréco, Bing Crosby... Le grand musicien est devenu un interprète de grandes chansons, *La valse des lilas, Quand on s'aime*, en duo avec Nana Mouskouri. Il a composé des musiques sublimes pour de nombreux films tel *Les uns et les autres* de Claude Lelouch.

En 1969 et 1970, il y a de la magie dans l'air. Yves Montand (*La bicyclette*), Georges Moustaki (*Le métèque*), Hugues Aufray (*Adieu, monsieur le professeur*), Johnny Hallyday (*Que je t'aime*), Michel Polnareff (*Tous les bateaux, tous les oiseaux*), Richard Anthony (*Il pleut des larmes* reprise au Québec en 1980, par Claude Steben et Christine Chartrand), autant d'excellents artistes et de titres révélateurs que l'on entend dans toute la francophonie.

En 1970, Luis Mariano prend place sur les scènes internationales. C'est un monstre sacré au Québec comme ailleurs. Claude Valade le côtoie. Ils font équipe pour enregistrer *Tant que nous nous aimerons* (The longer we're together) de Sidney Rosen. Frédéric Raio l'a traduite en français. Dès 1953, avec Lucienne Delyle et son mari Aimé Barelli, elle connaît un énorme succès. Les paroles sont faciles à retenir : *Tant que nous nous aimerons/ Sur la route du bonheur/ Deux étoiles brilleront/ Pour éclairer nos deux cœurs.*

CLAUDE VALADE

Née le 12 novembre 1943, à Sainte-Agathe-des-Monts
(Québec)

*R*aconter le parcours étonnant de Claude Valade néces-
site une curiosité sans faille pour suivre à la trace une
chanteuse qui a finalement réintégré son bercail à Val-
Morin. Elle ne s'est jamais dissociée de sa région natale ni
de ses proches qui vivent sous le ciel des Laurentides, loin
du brouhaha des villes.

Tout comme ses sœurs, Monique et Denise, et son frère
Yvan, Claude Valade a toujours été soucieuse de sa santé,
des sports en pleine nature et de son environnement. Très
tôt, Fernande, sa mère, l'incite à suivre des cours de chant
et de musique. Archie, son père, est souvent invité dans les
fêtes paroissiales pour jouer du violon.

À différents concours d'amateurs, Claude Valade remporte plusieurs prix dans sa région, mais c'est à Montréal
qu'elle décide de tenter sa chance. En 1962, elle fait ses
débuts au Café Saint-Jacques. L'immeuble de Chez François
abrite sur plusieurs étages de nombreuses salles de spectacles. Elle mise sur sa voix, son bon goût, mais aussi sur
la fraîcheur et le charme de ses jeunes années.

Le producteur Roger Miron, chasseur de talents, la
remarque, l'aborde, lui propose d'enregistrer son premier
45-tours : *J'entends ton pas* et *Sylvain*. «Quoi? Un disque
à mes débuts. Quelle veine!» C'est un tremplin pour sauter
plus loin. Les événements s'enchaînent. Elle enregistre

Sous une pluie d'étoiles, du compositeur Kui Sakamato, tube qui tourne à plein régime à la radio, et devient la chanteuse la plus entendue sur les ondes. Les médias parlent d'elle abondamment.

En 1963, Éric Lachapelle, dont le pseudonyme est Éric Villon, prend sa carrière en main. L'amour est au rendez-vous. Ils se marient. De cette union naîtront Marie-Claude (1964) et Martine (1969). Claude Valade est une fonceuse, une travailleuse. Elle prépare un répertoire étoffé et entreprend une tournée dans les principaux cabarets du Québec.

Sous le nom de Claudia Valade, elle s'introduit dans le circuit des vedettes américaines; elle fera la première partie du spectacle de Tom Jones présenté au Forum de Montréal, au Colisée de Québec et à Boston. Elle est la première Québécoise à donner son tour de chant dans les deux langues et à partager la scène avec Dean Martin, Sammy Davis, Bob Hope, Barbra Streisand et Frank Sinatra. Son succès est si évident qu'on l'engage au Fontainebleau de Miami et au Waldorf Astoria de New York.

En 1972, Claudia représente les États-Unis au Festival international de la chanson à Tokyo et remporte le Grand Prix avec la chanson de Francis Lai, *Pour un homme.* Deux ans plus tard, au Festival de Rio de Janeiro au Brésil, elle donne sa pleine mesure et fait la manchette des journaux.

Cependant, ces déplacements à l'étranger et au Québec, ajoutés au travail acharné qu'elle s'impose, ont raison de ses forces vives. Elle doit s'arrêter, opte pour une année sabbatique pour recouvrer toute sa vitalité, au sein de sa famille.

1975 : Claude Valade enregistre à Montréal *Aide-moi à passer la nuit* : 350 000 exemplaires s'envolent. D'autres tubes suivent : *Viens t'étendre au creux de mon épaule, C'est parce que je t'aime, Une vague bleue,* un énorme succès partagé avec Michèle Torr. En 1976, elle est récipiendaire du premier prix de la meilleure interprétation au Festival de la

Rose d'Or à Antibes (France) avec une chanson de Monique Saintonge et Claude Rogen, intitulée *Je n'ai pas assez d'une vie*. L'année suivante, elle enregistre *L'anneau de feu*, du légendaire Johnny Cash, roi du country, et *Tu es le soleil de ma vie*, de Stevie Wonder, tube repris par Brigitte Bardot et Sacha Distel.

En 1980, un autre tournant névralgique dans la vie trépidante de Claude Valade survient lorsqu'elle accepte d'enregistrer deux albums de type gospel. Le mari de Claude est un fan inconditionnel de John Littleton. Cette musique est en fait du negro-spiritual, amalgame de jazz et de soul popularisé par les Afro-Américains.

Vingt ans après ses débuts, Claude Valade a déjà 20 albums, dont plusieurs ont franchi le cap des 100 000 exemplaires. Son nouvel album, *Une histoire d'amour en 30 chansons,* comporte des airs connus tels *Comme d'habitude (My way)* de Claude François, *l'Hymne au printemps* de Félix Leclerc, *C'est beau la vie,* de Jean Ferrat.

Le 22 mai 1980 est un jour noir dans la vie de Claude Valade. Son mari se noie sous les yeux de sa fille Martine, alors âgée de 10 ans. L'embarcation dans laquelle Éric a pris place chavire à proximité de la berge. La pêche est terminée... le drame est consommé. Désormais, Claude entre dans une période de lassitude physique et morale, annule tous ses engagements, se terre dans les Laurentides. Elle ne veut plus chanter. Néanmoins, femme de courage, elle sort de son cauchemar et se dit : «Je dois continuer!» En 1982, elle accepte la proposition de la station de radio CKLM à Laval. Forte d'une nouvelle maturité, elle aura durant quelques années sa propre école de music-hall.

René-Pierre Beaudry, journaliste qui a fait carrière comme professeur d'éducation physique, devient le mari de Claude. Il comble son vide affectif, s'occupe activement de sa carrière et de tous ses engagements de chanteuse et d'animatrice.

Toujours à la radio depuis 2001 où elle anime des émissions d'actualité, elle garde le contact avec son public, poursuit son dialogue amical sur les ondes de COGECO, avec une émission de télévision où défilent des gens dans tous les créneaux. «Mon secret consiste à donner beaucoup de place à mes invités, à les laisser s'exprimer sans aucune obstruction. Je dirige l'émission, mais ce sont eux qui la font», explique-t-elle.

Femme de cœur, Claude Valade dépeint ses sentiments en quelques mots : «Les gens m'aiment parce qu'ils sentent que c'est un sentiment partagé.» En 2005, elle a accepté de prendre la direction de la station Radio-Boomer, au 1570AM à Laval. Elle est à l'aise dans ses différents rôles, auprès de ses compatriotes et aussi de ses Laurentides où, les matins d'été, elle sent les parfums de la terre que le vent transporte jusqu'à son port d'attache. Elle a choisi ce qui est vrai : la réalité des petits bonheurs au quotidien.

1972

UNE BELLE HISTOIRE

Paroles
Pierre Delanoë

Musique
Michel Fugain

Interprètes

Yuri Buenaventura
Annie Cordy
Francis Cabrel et
Alain Souchon dans l'album
Enfoirés en 2000
Robert Demontigny
Jodie Resther
Jacques Salvail
René Simard
...

MICHEL FUGAIN

UNE BELLE HISTOIRE

C'est un beau roman,
c'est une belle histoire
C'est une romance
d'aujourd'hui
Il rentrait chez lui,
là-haut vers le brouillard
Elle descendait dans le midi,
le midi
Ils se sont trouvés
au bord du chemin
Sur l'autoroute des vacances
C'était sans doute
un jour de chance
Ils avaient le ciel
à portée de main
Un cadeau de la providence
Alors pourquoi penser
au lendemain

Ils se sont cachés
dans un grand champ de blé
Se laissant porter
par les courants
Se sont raconté leurs vies
qui commençaient
Ils n'étaient encore
que des enfants, des enfants

Qui s'étaient trouvés
au bord du chemin
Sur l'autoroute des vacances
C'était sans doute
un jour de chance
Qui cueillirent le ciel
au creux de leurs mains
Comme on cueille
la providence
Refusant de penser
au lendemain

C'est un beau roman,
c'est une belle histoire
C'est une romance
d'aujourd'hui
Il rentrait chez lui,
là-haut vers le brouillard
Elle descendait dans le midi,
le midi
Ils se sont quittés
au bord du matin
Sur l'autoroute des vacances
C'était fini leur jour
de chance
Ils reprirent alors
chacun leur chemin

Saluèrent la providence
en se faisant un signe
de la main

Il rentra chez lui,
là-haut vers le brouillard
Elle est descendue là-bas
dans le midi

C'est un beau roman,
c'est une belle histoire
C'est une romance
d'aujourd'hui

© Éditions musicales Sarl
  Universal Minotaure 1972

Marcel Brouillard, Pierre Delanoë et Jean Beaulne

UNE BELLE HISTOIRE

1972

Pierre Delanoë, de nouveau directeur des programmes à la radio Europe 1, durant quelques années, vit Michel Fugain entrer en coup de vent dans son bureau, une cassette à la main. Ce dernier voulait absolument faire entendre au célèbre auteur la musique de sa nouvelle mélodie qu'il venait de terminer au petit matin.

Le réputé chroniqueur Frédéric Zeitoun écrit que le chanteur avait eu la bonne idée d'apporter une bonne bouteille de vin de Saint-Émilion et deux gros saucissons à Delanoë, ravi de cette gentille attention du joyeux baladin. Il prit alors tout son temps pour bien recevoir et écouter ce visiteur inattendu, désireux d'obtenir le verdict et le soutien du grand maître.

Après avoir fait tourner, à quelques reprises, la musique de Fugain, le parolier s'exclama : «C'est un beau roman, c'est une belle histoire à raconter, en paroles et en musique.» On tomba aussitôt d'accord sur le titre de la chanson en chantier. Pour Michel Fugain et Pierre Delanoë, cette belle histoire était un beau roman d'amour entre un homme et une femme se rencontrant dans un petit restaurant sur une autoroute, où les camionneurs s'arrêtent pour bouffer en toute vitesse et se désaltérer.

En peu de temps, Pierre Delanoë accoucha d'un fort joli texte. À l'heure du déjeuner, le lendemain, les deux artistes étaient entièrement sur la même longueur d'onde quant aux paroles de la nouvelle chanson intitulée *Une belle histoire*. Interprétée par Michel Fugain et le Big Bazar, elle devint le tube de l'été 1972 en France, mais aussi dans toute la francophonie et en Italie.

Qui est-il donc ce Pierre Delanoë, de son vrai nom Leroyer, né à Paris le 16 décembre 1918. Cet homme aux 5 000 chansons est sûrement le parolier le plus prolifique au monde. À 86 ans, ce travailleur infatigable continue d'exercer son métier avec autant de passion. Il est toujours plus à l'aise devant sa table de travail que devant les micros et les journalistes qui veulent tout savoir sur sa vie privée et professionnelle auprès de Gilbert Bécaud, Joe Dassin, Nana Mouskouri, Hugues Aufray, Nicole Croisille et des centaines d'interprètes de ses diamants de la belle chanson.

Que se passe-t-il dans la tête de Pierre Delanoë lorsqu'il entre en studio, en 1997, pour enregistrer 15 chansons magnifiques écrites pour Michel Fugain (*Bravo monsieur le monde*), Michel Sardou (*En chantant*), Gérard Lenorman (*La ballade des gens heureux*)? On retrouve aussi sur cet album : *Y'a qu'à se laisser vivre*, sur une musique de son complice et ami Charles Aznavour.

Toute sa vie, Pierre Delanoë a défendu de toutes ses forces les poètes et écrivains souvent exploités par des éditeurs et producteurs sans scrupules. À trois reprises, il a accepté de hautes fonctions à la SACEM (Société des auteurs-compositeurs et éditeurs de musique).

«Dans ce nouveau siècle, raconte Delanoë, on ne fait plus de vraies chansons, à part quelques exceptions. On fricote du rap, du techno, des rugissements onomatopéiques qui rappellent la jungle ou l'homme de Cro-Magnon. Il faut combattre cette épidémie et revenir à la poésie, à des mots ficelés dans "la langue de chez nous", à l'image de la belle chanson d'Yves Duteil.»

Pierre Delanoë pouvait-il se contenter de s'asseoir sur ses lauriers et d'admirer ses décorations de la Légion d'honneur, de l'Ordre national du mérite de France, du Grand Prix des poètes de la SACEM? Absolument pas! Dans un documentaire fort intéressant, produit par Jean Beaulne, que l'on a pu voir en 2004 à TV5 et à TVA, on découvre un homme exceptionnel, un bon vivant, drôle et souvent entêté. Ça aussi, c'est une belle histoire à raconter.

MICHEL FUGAIN

Né le 12 mai 1942, à Grenoble (France)

*L*e père de Michel Fugain est médecin dans les Alpes françaises et résistant durant la Deuxième Guerre mondiale. Son fils vient difficilement à bout de ses études et abandonne son stage en médecine. Il s'intéresse davantage à la poésie et au théâtre. Durant trois étés, il joue dans des troupes itinérantes. Au début des années 60, Michel monte à Paris avec l'intention de faire du cinéma, sa vraie passion.

Fugain débute aussitôt comme metteur en scène. Sa rencontre avec un jeune débutant, Michel Sardou, va donner une orientation nouvelle à sa vie. À la demande de son nouvel ami, il écrira pour lui les paroles de quatre chansons pour une audition chez Barclay. C'est le déclic. En s'accompagnant à la guitare, Michel Fugain propose d'autres titres à Dalida, Hugues Aufray, Petula Clark, Hervé Villard, Nana Mouskouri et Marie Laforêt.

En 1966, Fugain entre en studio avec quatre titres dans son sac aux trésors, notamment *Prends ta guitare, C'est que je t'aime*. Le voilà aussitôt associé à une nouvelle génération de talents très différents les uns des autres : Michel Polnareff (*La poupée qui fait non*), Jacques Dutronc (*Et moi et moi et moi*), Salvatore Adamo (*Inch Allah*). C'est avec *Je n'aurai pas le temps*, sur des paroles de Pierre Delanoë, que le nouveau venu prend son envol. On commande à Michel d'écrire l'hymne officiel des Jeux olympiques d'hiver de Grenoble, en 1968.

Après un premier passage réconfortant à l'Olympia, Fugain n'est pas sûr de sa décision de devenir un chanteur populaire et d'être jeté en pâture dans certains médias qui recherchent la petite bête noire. La rançon de la gloire? Sa participation au Festival de la chanson du Brésil va le bouleverser et l'amener à chercher d'autres pistes. Il a bien vu que les rythmes et la danse ont un pouvoir magique sur les foules et les peuples qui souffrent de misère.

À la fin de la décennie 60, Michel Fugain rêve d'imposer en France le véritable sens de la fête, de la fraternité sur la place publique. Il n'est pas emporté par la vague des beatniks et hippies qui refusent les valeurs sociales et morales traditionnelles. Michel n'est pas monté aux barricades de mai 68. Il cherche à comprendre le pourquoi de la révolte et de la tourmente qui grondent dans son Paris mis à sac, laissé aux mains des anarchistes. La question se pose : est-ce bien la génération de *Salut les copains* qui occupe le théâtre de l'Odéon et la Sorbonne?

Une fois la paix retrouvée, Michel Fugain décide de revenir sur scène, en 1970, avec une comédie musicale, *Un enfant dans la ville*, laquelle sera suivie d'un album et d'un film. Il va par la suite monter sa propre troupe : *Big Bazar*. Plus de 600 jeunes auditionneront pour en faire partie, comme chanteurs, danseurs, comédiens, costumiers, éclairagistes. Michel en choisira une quinzaine et partira avec eux sur les routes de la francophonie, dans de grandes salles ou sous les chapiteaux, notamment au Québec où il obtient toujours un immense succès.

En 1974, c'est l'euphorie lorsque les saltimbanques de *Big Bazar* se produisent, à deux reprises, à l'Olympia. Leur répertoire comprend plusieurs tubes de Pierre Delanoë : *Une belle histoire, Attention mesdames et messieurs, Tout va changer, Fais comme l'oiseau*. Fugain ne craint pas d'émettre ses opinions controversées sur la corruption, l'intégrisme de tous bords, l'antimilitarisme.

Dans la seconde partie de la décennie 70, les mentalités et les valeurs communautaires sont balayées devant les mouvements rock, les rassemblements de Wight et de Woodstock. Le patrimoine ancestral n'est pas au goût du jour et la belle chanson française fait face à une révolte tous azimuts.

Michel Fugain entreprend alors une autre belle aventure. Il organise une grande fête en Normandie, *Juin dans la rue*. Plus de 800 figurants et artistes se produisent devant 60 000 spectateurs ; un album comprenant *Le chiffon rouge* sera enregistré à cette occasion. La nouvelle Compagnie Michel Fugain fonctionnera pendant deux ans.

Le chanteur idéaliste va s'installer avec sa famille sur la Côte d'Azur. À Nice, Michel crée une école et apporte un appui de taille à la relève. En 1980, il se lance dans la production et l'animation de programmes de télévision avec *Fugue à Fugain*. Deux ans plus tard, il arrête tout et va vivre pour un moment aux États-Unis. À court d'argent, il rentre à Paris, sort un album *La fille de Rockefeller*. En 1983, le producteur Nicolas Dunoyer va lui faciliter la tâche pour remonter la pente et reconquérir le public.

En 1988, il lance un nouvel album chez Sony, *Des rêves et du vent*. Il met dans le mille avec *Viva la vida*, écrite par un jeune auteur, Brice Homs, qui l'accompagnera dans d'autres albums tel *Un café et l'addition*.

Après des retours attendus à l'Olympia et à la Fête de l'Humanité, en 1988 et 1990, voilà de nouveau Fugain sur les routes de France, avec une prestation scénique différente et d'autres grands titres qui seront insérés dans de nouveaux albums : *Vivant à l'Olympia* et *Sucré-salé*. En mars 1993, on le réclame à l'Olympia et au Printemps de Bourges. Une autre tournée de 500 villes suivra jusqu'à la fin du siècle et d'autres albums naîtront : *Plus ça va, De l'air de l'air !* Après les Francofolies de La Rochelle, il va enregistrer un disque *live* avec, entre autres, la participation de Maurane et occuper pendant un mois la scène du Casino de Paris.

Après avoir écrit et produit l'album de Michel Sardou, *Français*, en 2000, Fugain sort dans son propre studio son 19ᵉ album : *Encore*. Fidèle en amitié, marié depuis 25 ans, ce bon père de trois adorables filles continue de défendre des valeurs et des principes qui ont marqué les hauts et les bas d'une riche carrière bien remplie. Michel Fugain a su traverser avec courage des moments difficiles et ingrats, sans jamais perdre la foi et l'espoir de voir à l'horizon des lendemains ensoleillés.

1973

JE SUIS MALADE

Paroles
Serge Lama

Musique
Alice Dona

Interprètes

Dalida
Alice Dona
Serge Lama

LARA FABIAN

JE SUIS MALADE

Je ne rêve plus, je ne fume plus
Je n'ai même plus d'histoire
Je suis sale sans toi
je suis laid sans toi
Je suis comme un orphelin
dans un dortoir

Je n'ai plus envie de vivre
ma vie
Ma vie cesse quand tu pars
Je n'ai plus de vie
et même mon lit
Se transforme en quai de gare
Quand tu t'en vas

Je suis malade
complètement malade
Comme quand ma mère
sortait le soir
Et qu'elle me laissait seul
avec mon désespoir

Je suis malade
parfaitement malade
T'arrives on ne sait jamais
quand
Tu repars on ne sait jamais où
Et ça va faire bientôt deux ans
Que tu t'en fous

Comme à un rocher
comme à un péché
Je suis accroché à toi
Je suis fatigué, je suis épuisé
De faire semblant d'être
heureux quand ils sont là

Je bois toutes les nuits
mais tous les whiskies
Pour moi ont le même goût
Et tous les bateaux portent
ton drapeau
Je ne sais plus où aller
tu es partout

Je suis malade
complètement malade
Je verse mon sang
dans ton corps
Et je suis comme un oiseau
mort quand toi tu dors

Je suis malade
parfaitement malade
Tu m'as privé de tous
mes chants
Tu m'as vidé de tous mes mots
Pourtant moi j'avais du talent
avant ta peau

Cet amour me tue
et si ça continue
Je crèverai seul avec moi
Près de ma radio
comme un gosse idiot
Écoutant ma propre voix
qui chantera

Je suis malade
complètement malade
Comme quand ma mère
sortait le soir
Et qu'elle me laissait seul
avec mon désespoir

Je suis malade
c'est ça je suis malade
Tu m'as privé de tous
mes chants
Tu m'as vidé de tous mes mots
Et j'ai le cœur
complètement malade
Cerné de barricades t'entends
je suis malade

JE SUIS MALADE

1973

Serge Lama triomphe à l'Olympia de Paris, en 1973, lorsqu'il chante *Je suis malade*, qui deviendra son premier disque d'or. Son deuxième microsillon porte le nom de ce tube, dont la musique est de sa complice Alice Dona. Lara Fabian a eu la bonne idée d'inclure cette mélodie sur son album *Carpe diem*. Elle l'interprète si bien que le public la réclame au cours de ses spectacles.

Alice Dona, née en 1946 à Maisons-Alfort, en banlieue de Paris, a composé d'autres musiques pour son ami Lama : *La secrétaire, La braconne, La chanteuse a vingt ans, Chez moi, Tarzan, Femme femme femme...* Puis elle commence à se faire entendre elle-même.

Le chanteur à la voix musclée accumulera les succès à un rythme effarant : *Les ballons rouges, Superman, D'aventures en aventures, Les p'tites femmes de Pigalle, Je t'aime à la folie...* Une cinquantaine d'interprètes ont enregistré des dizaines de titres de Lama, en français, en anglais, en italien, en allemand et même en japonais.

Le jeune Serge Chauvier, né le 11 février 1943, à Bordeaux, en a fait du chemin avant d'être le grand Serge Lama, suivant les traces de son ami Jacques Brel. Après avoir chanté dans les cabarets de la rive gauche, il passe en lever de rideau de Barbara et Georges Brassens, à l'Olympia, en 1964.

Mais sa vie bascule le 12 août 1965, alors qu'il est en tournée avec Marcel Amont. Sur la route d'Aix-en-Provence, il rate un virage et sa voiture percute un arbre. Il y perd sa fiancée, Liliane, pianiste; le conducteur Jean-Claude, frère d'Enrico Macias est aussi tué sur le coup. Le grand blessé, entre la vie et la mort, va refaire surface à l'Olympia, le 23 octobre 1967, au programme de Nana Mouskouri.

Serge Lama ressent toujours le besoin d'aller plus loin. Son admiration pour l'empereur Napoléon l'a amené à monter une comédie musicale sur ce personnage historique. Elle fut jouée à Paris, au théâtre Marigny, et ailleurs en France, à compter de 1984. À Montréal, Québec, Ottawa, Londres, New York, la comédie a connu la faveur du public.

En 2005, Lama continue de sillonner le monde et de chanter *Je suis malade*, seul et parfois avec Lara Fabian. Il est de plus en plus vivant et solide comme le roc. Serge s'arrête régulièrement au Québec, où il est une vedette choyée par le public.

Cet homme courageux, toujours amoureux des femmes et avant tout de son épouse Michèle, a réussi à graver son nom dans le cœur de tous les francophones. Au-delà des frontières linguistiques, il compte de nombreux admirateurs qui espèrent ardemment son retour. Avare de confidences sur sa vie privée, Serge Lama déclare : «Mon fils, né de ma présente union, vit au Québec, que je considère comme ma deuxième patrie.»

LARA FABIAN

Née Lara Crokaert, le 9 janvier 1970, à Etterbeek
(Belgique)

*L*orsque Lara Fabian s'envole de Montréal pour Paris, en 1995, elle ne se doute pas que sa carrière prendra son envol aussi rapidement. Serge Lama l'avait invitée à chanter avec lui *Je suis malade* au Palais des Congrès. En peu de temps, ses albums *Carpe diem* et *Pure* fracassent des records de vente au Québec et dans la francophonie. Sa composition *Je t'aime* monte au palmarès.

Lara tient son prénom de l'héroïne du Docteur Jivago. Elle commence à chanter, à l'âge de 14 ans, dans les pianos-bars et boîtes à chansons de Bruxelles, où son père, Pierre Crokaert, l'accompagne souvent à la guitare, comme il le fait de temps en temps pour Petula Clark. La petite Belge change son nom de famille, difficile à prononcer, pour celui de Fabian, nom de l'actrice Françoise Fabian. Elle hésite entre une carrière de chanteuse ou d'avocate en droit international.

Sa mère, Luisa Fabiano, professeur de lettres, insiste pour que Lara apprenne d'autres langues. L'année de ses 18 ans, elle participe au concours Eurovision avec sa chanson *Croire*; elle se classe non loin de la gagnante Céline Dion. Après quelques courts séjours au Québec, elle s'installera définitivement dans les Laurentides, en 1990, et enregistrera avec son compatriote Franck Olivier *Il a neigé sur le Saint-Laurent* et *L'amour voyage*.

Après avoir rempli les grandes salles du Québec, où le public l'a vite adoptée, elle repart pour Paris, en 1997, pour se produire à l'Olympia et au Palais des Sports. Michel Drucker lui déroule le tapis rouge à ses émissions et Johnny Hallyday l'invite à chanter en duo au Gala des Restos du cœur. Au nouveau Stade de France, elle chante aussi avec lui *Requiem pour un fou*, de Jean-Jacques Goldman.

Grâce au vote du public, Lara Fabian est élue révélation de l'année en France, le 20 février 1998, lors de la remise des prix aux 13es Victoires de la musique, l'équivalent du Gala de l'ADISQ au Québec. En recevant son trophée, elle a rendu un bel hommage à son producteur-gérant Rick Allison, mais avant tout à «ces gens du Québec qui ont bravé neige et tempête, depuis que je suis des leurs, pour m'accompagner jusqu'ici. Ce sont eux la clé de ce prix.» C'est à Montréal qu'elle a enregistré son premier album avec, entre autres, des chansons signées Eddy Marnay (*Je vivrai, Puisque c'est l'amour*) et Lara Fabian-Rick Allison (*Tu t'en vas, Si tu m'aimes*).

Sur son disque *Carpe diem*, comprenant *Je suis malade* de Serge Lama, elle écrit ces mots à Eddy Marnay : «Mon prince Eddy, tu es mon ange gardien. Tes paroles sont des bijoux que j'enfile sur cet album comme les perles du plus joli collier du monde. Ta confiance me touche beaucoup et ton sourire me fait chavirer. Je t'aime, reste toujours avec nous.»

Après plusieurs millions d'exemplaires de ses albums en français, Lara Fabian repart pour les États-Unis, où elle enregistre un album en anglais, lequel s'envolera à plus de cinq millions d'exemplaires. On lui décerne le titre de Meilleur espoir international en 1998. L'année suivante, elle effectuera une série de spectacles en Europe. Plus belle et épanouie que jamais, *Paris Match* la présente en page frontispice comme la grande découverte de l'année.

Dans ses albums *Pure* et *Nue*, Lara Fabian signe des textes autobiographiques parlant, bien sûr, d'amour. La roue n'arrête pas de tourner pour la chanteuse à l'assaut du monde entier. L'artiste déterminée «belgo-italo-québécoise» avec un passeport canadien, est entrée dans les foyers des francophones qui ont acheté ses disques à plus de 12 millions d'exemplaires.

En 2000, sa rupture avec le chanteur Patrick Fiori fait la une de la presse du cœur, ce qui la rendra plus fragile et prudente. On lui a souvent prêté des liaisons passagères et fait des gros titres en première page : «Coup de foudre à New York. Lara Fabian trouve l'amour auprès d'un riche Américain, Walter Afanasieff, de la compagnie Sony.» En 2002, elle connaît une année exceptionnelle au Zénith de Paris, au Centre Molson de Montréal... À l'automne 2003, Michel Drucker tient à ce que Lara Fabian et Salvatore Adamo interprètent Jacques Brel, lors de la magnifique émission télévisée soulignant les 25 ans de la mort de leur compatriote belge.

Le succès de Lara Fabian n'est pas étranger à celui de Céline Dion, qui a ouvert la porte aux chanteuses à voix. Le journal *Libération* écrit : «Lara a montré les différentes facettes de sa personnalité et de son talent en chantant en français, bien sûr, mais aussi en anglais et en italien. On ne doit plus la comparer à Céline Dion. Ce sont deux vedettes possédant tous les atouts pour s'imposer sur la scène internationale, aussi bien que Whitney Houston et Barbra Streisand.»

Le quotidien *France-Soir* y va aussi d'une critique élogieuse : «Tous s'accordent à dire que sa voix est un don du ciel.» Et le magazine *Gala* de souligner en première page : «Elle a le feu sacré et de l'or dans sa voix.» Il ne faut donc plus chercher Lara lorsqu'elle s'éclipse momentanément de ses pays d'adoption; elle est quelque part sur la planète en train de conquérir de nouveaux publics et de chanter les tubes de son album, En toute intimité : *Caruso, S'en aller, Comme ils disent, J'y crois encore.* En 2004, elle a chanté avec l'Orchestre symphonique de Montréal, dans le cadre du Festival Montréal en lumière.

Le nouvel album de Lara Fabian, ayant pour titre tout simplement «9», est sorti en mars 2005. Jean-Félix Lalanne lui a écrit un joli texte, *La lettre,* et le magazine *Platine* lui a consacré sa page frontispice. Au cours de l'année, elle a donné plusieurs concerts, notamment à Casablanca, à l'Olympia de Paris, avec son nouveau spectacle *Regard 9.*

Belge, Italienne, Québécoise, Française? Peu importe, elle est latine avant tout, avec un tempérament de feu et une voix exceptionnelle qui s'améliore avec le temps. On la sent plus calme, posée, naturelle, plus douce à voir et à entendre.

1976

CHANTE-LA TA CHANSON

Paroles
Marcel Lefebvre
Jean Lapointe

Musique
Jean Lapointe
Marcel Lefebvre

Interprètes

Jacques Arsenault
La Chorale du Centenaire
(Ontario)
Les Compagnons de la chanson
Alain Morisod et Sweet People
...

JEAN LAPOINTE

CHANTE-LA TA CHANSON

(Refrain)

Chante-la ta chanson
La chanson de ton cœur
La chanson de ta vie
Chante-la ta chanson
L'oiseau le fait
Le vent le fait
L'enfant le fait aussi
Chante-la ta chanson
N'aie pas peur vas-y
Chacun a sa mélodie
au fond de lui
Chante-la ta chanson
Elle est sûrement jolie
Chante-la qu'elle est belle
ta vie

Tous les ruisseaux font
des fugues au soleil
Toutes les fleurs
des romances aux abeilles
Même la pluie joue
une symphonie
Dis-moi pourquoi
tu serais triste aujourd'hui
Chante, chante

(Au refrain)

N'entends-tu pas
le concert de la joie
Tout ce qui vit laisse
entendre sa voix
Même le ciel gris
fait chanter ses orages
Y'a un soleil
derrière chaque nuage
Chante, chante

(Au refrain)

CHANTE-LA TA CHANSON

1976

En 1976, l'année où René Lévesque devient premier ministre du Québec, l'auteur-compositeur Marcel Lefebvre s'associe à Jean Lapointe, futur sénateur, pour écrire les paroles et la musique de *Chante-la ta chanson*. Confronté à ce succès rapide, le tandem continue sur une lancée prometteuse avec *C'est dans les chansons, Rire aux larmes, Si on chantait ensemble.*

Revenant de son chalet de Lotbinière avec sa femme et ses enfants, Marcel raconte que, tout au long de son parcours vers Montréal, il fredonne l'embryon d'un air nouveau qui prend forme dans sa tête. Il cherche les mots, la cadence, le souffle de *Chante-la ta chanson*. Il la veut légère, gaie, entraînante.

Comme tout poète en état de gestation, il se sent nerveux, survolté. Dès son arrivée dans la métropole, Marcel Lefebvre passe un coup de fil à Jean Lapointe pour lui demander un rendez-vous et lui faire part de sa trouvaille.

Mais qui est donc Marcel Lefebvre? Un exalté? Ce poète est né à Québec, le 26 octobre 1941. Comme auteur, peintre, professeur de philosophie, scénariste, metteur en scène, il a remporté la palme, comme parolier, au Festival du disque en 1969. Il excelle dans les créneaux de la publicité et de la communication.

Prolifique auteur jamais en panne d'inspiration, il a écrit plus de 300 chansons. Pour donner une idée de sa polyvalence, citons *Moïra, Les Expos sont là* (Marc Gélinas), *Un jour, il viendra mon amour* (Diane Dufresne), *Guevara* (Renée Claude), sans oublier les interprètes qui ont donné des ailes à ses rengaines, Ginette Reno, Pierre Lalonde, Dominique Michel, Donald Lautrec, Roch Voisine.

Avec sa mélodie *Une colombe*, chantée par Céline Dion lors de la visite de Jean-Paul II à Montréal, l'auteur a obtenu le Félix de la chanson populaire au Gala de l'ADISQ en 1980. Concepteur et metteur en scène du spectacle soulignant la visite papale, 65 000 jeunes ont envahi le Stade olympique pour marquer leur attachement au souverain pontife.

En parcourant les annales de la chanson, on constate que peu d'interprètes ont manifesté leur intention d'enregistrer *C'est dans les chansons*, trop identifiée à Jean Lapointe. Citons Alain Morisod et Sweet People, la Chorale du Centenaire (Ontario), qui l'a incluse dans son album *Nos sentiers,* et les Compagnons de la chanson.

Fait significatif, cet air entraînant soulève l'enthousiasme dans les foules lors des grands événements populaires. La qualité première de la chanson de Lefebvre et Lapointe est de créer et d'alimenter l'ambiance. De nombreuses chorales l'ont ajoutée à leur répertoire. Pour la célébration de son 25ᵉ anniversaire, Loto-Québec l'a insérée dans son double album souvenir.

En 1976, *Chante-la ta chanson* a occupé la première place au palmarès. D'autres compositions ont aussi retenu, cette année-là, l'attention du public francophone : *Je reviendrai à Montréal* (Robert Charlebois), *Un peu plus haut, un peu plus loin* (Jean-Pierre Ferland et Ginette Reno), *Le jardin du Luxembourg* (Joe Dassin), *La ballade des gens heureux* (Gérard Lenorman), *Dis-moi pourquoi* (Michel Fugain), *Le France* et *Je vais t'aimer* (Michel Sardou).

JEAN LAPOINTE

Né Jean-Marie Lapointe, le 6 décembre 1935,
à Price (Québec)

À neuf ans, le gamin manifeste déjà des dispositions pour la musique. Anna-Marie Ducharme, sa mère, lui apprend les rudiments du piano sur lequel il passe beaucoup de temps à inventer des airs. Le paternel, Arthur J. Lapointe, né le 13 février 1895, siège à Ottawa comme député fédéral de Matapédia-Matane. Il est souvent absent de la maison.

À l'école Saint-François-d'Assise et au Séminaire de Québec, Jean-Marie se fait souvent remarquer par sa turbulence et son ingéniosité pour jouer des tours pendables. À 16 ans, il fonde le groupe QuébécAires qui donne des spectacles à Rimouski et dans les municipalités environnantes.

Montréal exerce un attrait indiscutable sur les jeunes artistes désireux de se frayer un chemin dans le monde du spectacle. En 1954, avec 15 dollars en poche, sa valise et sa guitare en bandoulière, Jean-Marie arrive dans la métropole. Sous le nom de Jean Capri, il décroche un contrat de trois mois au cabaret Caprice. Artiste invité au Casa Loma, par le truchement des Découvertes de Jean Simon, il fait éclater son talent de fantaisiste. Sous la férule de Jean Grimaldi, il poursuit sa quête au théâtre National et sur les routes du Québec.

Sa rencontre avec Jérôme Lemay au cabaret Chez Gérard, à Québec, est déterminante. Le 1ᵉʳ juin 1956, Suzanne Avon reçoit le nouveau duo (Les Jérolas) et Félix Leclerc à son émission Music-hall, à la télévision de Radio-Canada. Gonflés à bloc, Jean et Jérôme entreprennent une brillante carrière qui durera plus de 15 ans.

En 1957, Jean Lapointe épouse Madeleine Lockwell, un nom connu dans la Vieille Capitale. Trois enfants, Danielle, Michèle et Marie-Josée, naîtront de ce premier mariage. Jean a de sérieux problèmes d'alcool qu'il ne cache pas et le couple finira par se séparer. Sa nouvelle compagne, Marie Poulin, lui donnera quatre enfants : Maryse, Jean-Marie, Catherine et Élisabeth. Ainsi va la vie. Personne ne peut prédire ce que sera demain.

Pour sa famille, ses amis, son public, Jean décide de s'engager dans la voie de la sobriété. Il y aura des hauts et des bas. Heureusement, on viendra à son secours dans les moments de désespoir. La carrière des Jérolas, gérée par l'imprésario Charlemagne Landry, va bon train. Le 28 avril 1963, ils sont invités au Ed Sullivan Show, la plus populaire émission de variétés des États-Unis. Jean et Jérôme se surpassent en imitant les Four Aces, Al Jolson, Louis Armstrong et les Four Diamonds. Après le Blue Angel, à New York, les Jérolas triomphent à la Comédie Canadienne et à la Place des Arts, à Montréal.

En 1966, c'est à l'Olympia de Paris que les deux compères présentent leur spectacle. Le grand manitou du prestigieux temple de la renommée, Bruno Coquatrix, les invitera à trois reprises. Malgré leur succès, il y a de gros nuages noirs à l'horizon. C'est la bisbille chez les Jérolas. Leur gérant, Charlemagne Landry, n'arrive pas à accorder les violons.

Jean Lapointe décide de faire cavalier seul. Il débute comme acteur au cinéma et est particulièrement remarqué dans *Les ordres*, de Michel Brault. En 1975, le public le découvre sous toutes ses facettes de comédien, chanteur, imitateur, humoriste. Engagé dans un combat à finir avec l'alcool, il doit changer ses habitudes. Il multiplie les spectacles : *Un an déjà, Rire aux larmes, La grande séance, En pleine face.* On s'arrache ses albums. En 1979, il fait la Place des Arts, à Montréal, le Grand Théâtre de Québec et des tournées en Ontario et dans les Maritimes.

À l'invitation pressante de son ami Raymond Devos, il renoue avec le public parisien. Tournée dans 60 villes françaises, retour à Bobino et à l'Olympia de Paris, devant un public en or. Bref, il caresse l'idée de vivre en Europe, mais la Maison Jean Lapointe qu'il a mise sur pied en 1982 pour venir en aide aux alcooliques et aux toxicomanes a besoin de son concours sur place. Il revient au Québec. Six ans plus tard, il entreprendra une longue tournée en France, en Belgique et en Suisse.

Au Festival Juste pour rire, à Montréal, les Jérolas remontent sur scène. Au cours d'une longue tournée au Québec, c'est un feu d'artifice, des retrouvailles amicales. Les nostalgiques retrouvent un tandem déridant, fortifié par ses épreuves d'antan. De 1991 à 1995, les duettistes réunis pour *Un dernier coup de balai* donnent leur spectacle plus de 150 fois, les points culminants étant le Capitole de Québec et la Place des Arts de Montréal. La mort de son épouse Marie en 1996 et de ses deux frères, Anselme et Gabriel, en 1999, va jeter une ombre tenace sur le quotidien de Jean Lapointe, ce qui ne l'empêche pas de remplir ses engagements au théâtre du Gesù. Ceux qui ont suivi la télésérie portant sur Maurice Duplessis, premier ministre du Québec de 1936 à 1939 et de 1944 à 1959, ont apprécié l'immense talent de Jean, qui incarnait le chef d'État. En 1992, dans le feuilleton télévisé consacré à René Lévesque, Lapointe s'est révélé comme un véritable homme de théâtre.

La sœur de Jean Lapointe, religieuse chez les Petites sœurs des pauvres, décide de réunir sous le même toit les sept enfants de son frère. Elle souhaite ardemment que l'arrivée de Cécile, nouvelle conjointe de Jean, réussisse cette combinaison gagnante. Le couple se mariera le 26 septembre 1992, mais une fois de plus, le bonheur s'enfuit lorsque Cécile décède en 2001.

Dans son autobiographie, *Pleurires*, publiée aux Éditions de l'Homme, Jean Lapointe ne manque pas de souligner l'apport de ses sœurs, Huguette, Rollande et Suzanne, toujours auprès de lui, dans les jours heureux comme dans les temps difficiles. Côté carrière, Jean a rendu hommage à ses proches collaborateurs, notamment Bernard Caza, devenu son gérant, Jean-Claude Lespérance, Louise Claude, Jean Bissonnette, Bernard Petit.

Récipiendaire d'un doctorat honorifique de l'Université du Québec, pour l'ensemble de son œuvre, choisi en 1995 comme le Grand Québécois de l'année, sa nomination de sénateur, en 2001, n'a pas modifié d'un iota le comportement de Jean Lapointe, personnage chaleureux et attachant. Ce qu'il croyait au départ un simple divertissement, devint par la force des choses un métier exigeant qui l'obligea à donner sans relâche le meilleur de lui-même.

Avec son rôle majeur dans *Le tunnel*, en 2004, c'est plus de 30 films et séries de télévision où Jean Lapointe se démarque comme acteur. Pour marquer son 50ᵉ anniversaire de vie artistique, le public s'est réjoui, en 2005, de la réunion musicale du père et du fils Jean-Marie. *Lapointe avec un S* est un merveilleux album double composé de 13 grands succès de Jean (1976 à 1989) et de 13 titres en version remixée par Jean-Marie. *Tu jongles avec ma vie* est le premier extrait de l'album. Durant l'année 2005, l'imprésario Guy Latraverse a également produit une télésérie de cinq émissions sur la vie de Jean Lapointe. On voit bien que le chanteur-sénateur est loin d'avoir dit son dernier mot.

1981

SI J'ÉTAIS UN

HOMME

Paroles
Diane Tell

Musique
Diane Tell

Interprètes

Boris Bergman
Ima
Nolwenn Leroy
Julie Pietri
Québecissime
Fabienne Thibeault
Monique Vermont

DIANE TELL

SI J'ÉTAIS UN HOMME

Moi, si j'étais un homme, je
serais capitaine
D'un bateau vert et blanc,
D'une élégance rare
et plus fort que l'ébène
Pour les trop mauvais temps.

Je t'emmènerais en voyage
Voir les plus beaux pays
du monde.
J'te ferais l'amour
sur la plage
En savourant
chaque seconde
Où mon corps engourdi
s'enflamme
Jusqu'à s'endormir
dans tes bras,
Mais je suis femme et,
quand on est femme,
On ne dit pas ces choses-là.

Je t'offrirais de beaux bijoux,
Des fleurs
pour ton appartement,
Des parfums
à vous rendre fou
Et, juste à côté de Milan,
Dans une ville

qu'on appelle Bergame,
Je te ferais construire
une villa,
Mais je suis femme et,
quand on est femme,
On n'achète pas
ces choses-là.

Il faut dire
que les temps ont changé,
De nos jours,
c'est chacun pour soi.
Ces histoires d'amour
démodées
N'arrivent qu'au cinéma.
On devient économe.
C'est dommage : moi j'aurais
bien aimé
Un peu plus d'humour et de
tendresse.
Si les hommes n'étaient pas
si pressés
De prendre maîtresse…
Ah ! si j'étais un homme !

Je t'appellerais tous les jours
Rien que pour entendre ta
voix.

Je t'appellerais « mon amour »
Insisterais pour qu'on se voie
Et t'inventerais un
programme
À l'allure d'un soir de gala,
Mais je suis femme et, quand
on est femme,
Ces choses-là ne se font pas.

Il faut dire
que les temps ont changé,
De nos jours,
c'est chacun pour soi.
Ces histoires d'amour
démodées

N'arrivent qu'au cinéma
On devient économe.
C'est dommage, moi j'aurais
bien aimé
Un peu plus d'humour et de
tendresse.
Si les hommes n'étaient pas
si pressés
De prendre maîtresse...
Ah ! si j'étais un homme,
Je serais romantique...

SI J'ÉTAIS UN HOMME

1981

Lorsqu'on parle de la chanson *Si j'étais un homme* devant Diane Tell, son regard s'illumine automatiquement. «Vous savez, s'exclame-t-elle, que ma chance, celle de me partager entre le Québec et la France, doit beaucoup à cette chanson. D'emblée, les gens l'ont aimée. Elle fut le sésame qui m'a projetée sur la scène de la grande francophonie.» Il est important de souligner que Diane Tell peaufine ses textes au maximum et qu'elle ne laisse rien au hasard. «Je ne me contente pas de ciseler mes textes, explique-t-elle, je les confie à des professionnels pour qu'ils les améliorent, m'en soulignent les faiblesses et me proposent un meilleur usage des mots-clés. Ce travail de collaboration me donne d'excellents résultats. Il consolide mon style.

«Avec *Si j'étais un homme*, je ne pouvais pas rallier tout le monde, car beaucoup de féministes ont vu dans ce titre quelque chose comme une complaisance favorisant l'ego des femmes. Mais quelle femme, un jour, ne s'est pas écriée : "Si j'étais un homme je ferais ceci, cela", non parce que les femmes veulent parfois être des hommes mais un peu comme on dit Ah! si j'étais Crésus, je ferais des folies, je m'achèterais un yacht. Dans ma naïveté, je ne croyais pas qu'une toute petite phrase serait sujette à une polémique...»

Il faut dire qu'après la diffusion de sa chanson, Diane Tell a reçu des protestations de la part d'un groupe de féministes du Québec. Elles accusaient la chanteuse de «valoriser la femme objet». Cependant, en contre partie, elle a reçu de nombreuses lettres écrites aussi bien par des hommes que par des femmes qui se disaient touchés par ses propos. Diane Tell avoue que, pour étoffer ses textes et leur donner plus de corps, elle se documente à fond dans tous les domaines.

«Même si j'adore la littérature française et que la lecture me captive, précise-t-elle, je me nourris de la vraie vie, des émotions au quotidien, de l'imaginaire des gens que je croise sur ma route et des merveilles de la nature. Aux romans, je préfère les biographies. Elles nous font découvrir les hommes et les femmes qui ont enrichi par leurs œuvres notre patrimoine universel et la permanence de l'art, sous toutes ses formes, dans la mosaïque des sociétés qui forment l'humanité.»

DIANE TELL

Née Diane Sophie Fortin, le 24 décembre 1958,
à Québec

*D*iane Tell est la troisième enfant du couple Michel Fortin, né à Sainte-Anne-de-la-Pocatière au Québec, et de Gloria Pelletier, une Américaine de Fort Kent, dans le Maine.

Le père de Diane est chirurgien de profession. En 1962, il s'embarque avec toute sa famille sur l'*Homeric*, un paquebot qui fait la navette entre la France et le Canada, pour parfaire ses études de chirurgie à Paris. Un an plus tard, ils sont de retour et s'installent à Val-d'Or, en Abitibi dans le nord-ouest du Québec. Les grands espaces, les nombreux lacs et les paysages somptueux de cette région marqueront à jamais l'adolescence de Diane. Dès l'âge de neuf ans, elle étudie le violon et la théorie musicale.

1969 est une année troublée ; la famille éclate. Gloria choisit de s'installer dans la métropole avec ses trois enfants et inscrit sa fille au Collège Marie-de-France, unique lycée français de Montréal. Diane y trouve une ambiance propice à ses rêves. Elle abandonne le violon pour la guitare, met au point trois chansons : *Old Hag, Sad Man* et *Introna*, et participe pour la première fois à une représentation de l'école. Elle a le goût de chanter, de composer… sa vocation se précise peu à peu. En 1972, elle crée un groupe avec son frère Paul et entre au Conservatoire de musique de Montréal où elle se familiarise davantage avec la guitare classique. Deux ans plus tard, elle fait le grand saut et se consacre uniquement à la chanson. Elle prépare un répertoire de jazz en anglais et en français et ne manque pas une occasion de se faire connaître, qu'il s'agisse de chanter dans de modestes cabarets ou des salles paroissiales. Durant les périodes estivales, elle travaille à titre de réceptionniste dans un cabinet médical et donne des cours privés de musique à une dizaine d'élèves.

Diane poursuit des études pour devenir musicienne de studio au Collège Saint-Laurent où elle trouve en Sam Balderman, un professeur de guitare et de jazz, un précieux conseiller. Une fois ses études terminées, elle accepte un poste de téléphoniste dans un hôpital tout en fignolant sa future carrière les fins de semaine, au Friday Girl, ce qui la met en contact avec les gens du métier.

Pour la scène, Diane Fortin remet en question son nom qui est très populaire au Québec et qui ne fait pas assez international. Elle pense à Bell ou encore à Peel. Mais lorsque vient le temps de faire la promotion de son premier disque, son imprimeur ayant compris Tell, elle se retrouve avec quelque 500 affiches collées à ce nom. Les dés sont jetés.

Son premier album, *Les cinémas-bars*, sort en 1977. Il est bien accueilli et on dit que la chanteuse a de l'étoffe, qu'elle promet. La même année, Diane Tell entreprend une tournée au Québec, en Colombie-Britannique, en Louisiane et au Texas et décide, l'année suivante, de s'installer pour deux ans à New York. Michael Holmes, un jeune réalisateur, l'initie à la musique sud-américaine et africaine et elle prépare *Entre nous*, son deuxième album 33 tours en hommage à Joao Gilberto, un grand spécialiste de la musique brésilienne. En 1979, ce disque lui vaut le prix du meilleur auteur-compositeur-interprète et de la meilleure chanson de l'année au Gala de l'ADISQ. Elle s'envole pour la

Belgique où elle représente le Canada au Festival de Spa et en profite pour faire un crochet par Paris afin de trouver des gens qui pourront l'aider dans sa carrière.

En 1981, elle fait la promotion de son album *En flèche* et part en tournée en Europe, sa guitare en bandoulière. Sa chanson *Si j'étais un homme* remporte un énorme succès et lui vaut, l'année suivante, le Midem Award lors du Festival du Midem à Cannes. 1983 se veut, pour la chanteuse, une année excitante des plus remplies. Elle enregistre d'abord la chanson thème du film *Bonheur d'occasion* de la romancière Gabrielle Roy, fait un saut à New York et au Tennessee pour le mixage de son album *On a besoin d'amour* qui sortira l'année suivante, déniche un appartement à Paris, enregistre *Savoir*, une rengaine qui remporte les cotes de diffusion et d'écoute aussi bien en Europe qu'au Québec et prépare son premier spectacle à l'Olympia où elle triomphe et se trouve propulsée sur la scène internationale. Le public se rallie à sa fine perception du présent, à son langage musical, à ses rythmes, à sa voix et ses mouvements pleins d'émotions, à sa simplicité d'être.

En 1985, Diane Tell rencontre Françoise Hardy et elles écrivent ensemble *Faire à nouveau connaissance* qui sera réalisée l'année suivante par Stephan Montanaro. Son aventure au cinéma dans *Elsa Elsa*, un film de Jean Becker dans lequel elle partage la vedette avec Fabrice Luchini et Lio, une chanteuse portugaise, la confirme dans ses premiers choix : elle préfère le théâtre et l'écriture au cinéma.

En 1986, elle donne un nouveau spectacle à l'Olympia et sort un septième album qui lui vaut la Victoire du meilleur album. Elle part en tournée et s'arrête aux Francofolies de La Rochelle. Sa longue collaboration avec Boris Bergman et Maryse Wolinski, avec qui elle écrit *Dégriffe-moi* et des chansons plus engagées, est prolifique.

Elle quitte Paris pour Le Pradet en 1987 où elle loue une grande pièce au-dessus d'un restaurant et fait des débuts en Angleterre avec *Dégriffe-moi*. Elle participe à *La légende de Jimmy*, une comédie musicale de Michel Berger et de Luc Plamondon mise en scène par Jérôme Savary, dont la chanson thème restera 26 semaines au palmarès du Top 50. Bien ancrée dans le sol français, Diane ne tient pas en place ; elle déménage à Anglet, près de Biarritz, dans l'Aquitaine.

En 1991, Diane Tell écrit la musique de la comédie musicale *Marilyn Montreuil* sur des textes de Jérôme Savary, un sujet tout désigné pour l'enregistrement d'un nouvel album. Au Théâtre National de Chaillot, elle joue le rôle de Marilyn, « une paumée qui ronronne dans les bars comme je l'ai fait moi-même, explique-t-elle. Bien difficile de refuser ce rôle. Mais comme on me demandait de composer la musique, je me suis impliquée à fond. » Diane Tell entreprend une tournée en France, en Allemagne et en Autriche, en 1992 ; partout, la comédie musicale remporte un franc succès.

À Londres, en 1996, elle enregistre *Désir, plaisir, soupir* avec Bruce Lampcov, Robie McIntosh et Stephan Montanaro. Plusieurs chansons grimpent au palmarès, dont *Liaisons nombreuses, La maison où j'ai grandi, Insupportable amour*. En juillet 2003 et en 2005, elle fait un retour mémorable au Québec, lors des FrancoFolies de Montréal.

Loin de renier ses origines québécoises, Diane Tell confie : « Moi, je suis une Canadienne de passeport. J'ai vécu plus longtemps en France qu'au Québec, mais je reste très attachée à la culture francophone québécoise. Ma participation à la défense de la langue française, c'est de vivre à l'étranger, en France. Au Québec, il faut comprendre pourquoi les Canadiens français sont tellement passionnés par leur langue. S'ils n'étaient en permanence sur la barricade, la pression anglophone, omniprésente partout, les étoufferait. Pour la langue française, je fais ma part, à ma manière à moi. »

ILS S'AIMENT

Paroles

Daniel Lavoie
Daniel DeShaime

Musique

Daniel Lavoie
Daniel DeShaime

Interprètes

Richard Cocciante
Diane Dufresne
Herbert Léonard
Patrick Norman
Bruno Pelletier
Richard Roy
Fabienne Thibeault

...

DANIEL LAVOIE

ILS S'AIMENT

Ils s'aiment comme avant
Avant les menaces
et les grands tourments
Ils s'aiment tout hésitants
Découvrant l'amour
et découvrant le temps

Y a quelqu'un qui se moque
J'entends quelqu'un
qui se moque
Se moque de moi
Se moque de qui ?

Ils s'aiment comme des enfants
Amour plein d'espoir impatient
Et malgré les regards
Remplis de désespoir
Malgré les statistiques
Ils s'aiment comme des enfants

Enfants de la bombe
Des catastrophes
De la menace qui gronde
Enfants du cynisme
Armés jusqu'aux dents

Ils s'aiment comme des enfants
Comme avant les menaces
et les grands tourments
Et si tout doit sauter
S'écrouler sous nos pieds
Laissons-les, laissons-les
Laissons-les, laissons-les s'aimer

Et si tout doit sauter
S'écrouler sous nos pieds
Laissons-les, laissons-les
Laissons-les s'aimer

Enfants de la bombe
Des catastrophes
De la menace qui gronde
Enfants du cynisme
Armés jusqu'aux dents

Ils s'aiment comme avant
Avant les menaces
et les grands tourments
Ils s'aiment comme avant

ILS S'AIMENT

1983

*A*près 15 ans de travail et de tergiversations dans les petits cafés et pianos-bars du Québec, Daniel Lavoie risque le tout pour le tout en enregistrant l'album *Tension attention* en 1983. Il investit toutes ses économies et 15 mois de sa vie pour savoir s'il fait bonne route dans ce dur métier d'auteur-compositeur et interprète. Retournera-t-il en France où il a connu un succès d'estime? Se tournera-t-il vers les États-Unis? Autant de questions qui demandent des réponses claires.

Sur cet album, il y a une grande chanson pleine de maturité, *Ils s'aiment*. On voit bien que Lavoie, à 34 ans, y a mis tout son cœur et son immense talent. Il n'est pas sûr que le public le suivra dans cette nouvelle orientation. C'est un texte qui en dit long sur la pensée, l'humanisme et les convictions de son auteur.

La réponse est vite venue au Gala de l'ADISQ de 1983 lorsqu'il reçoit trois Félix pour la chanson et l'album de l'année et aussi pour le meilleur interprète masculin. En peu de temps, *Ils s'aiment* dépasse les deux millions d'exemplaires au Québec et en Europe. Elle est aussitôt enregistrée en espagnol, en portugais et en anglais. Les Américains veulent mettre le grappin sur ce Manitobain parfaitement à l'aise dans la langue de Shakespeare.

Il est rare qu'une chanson de ce genre remporte l'unanimité dans le public et chez les interprètes à la recherche de bon matériel. Une dizaine d'entre eux se précipitent en studio pour l'enregistrer. Chez les femmes, Diane Dufresne et Fabienne Thibeault la défendront avec brio dans toute la francophonie.

En 1985, Daniel Lavoie remporte la Médaille d'or au Midem de Cannes pour *Ils s'aiment*. Une consécration de plus arrive aux Victoires de la musique en France pour l'album *Tension attention*. Cette année-là, Daniel reçoit le Félix pour l'artiste s'étant le plus illustré hors du Québec.

Voilà donc Daniel Lavoie de nouveau sur la route enchantée, chez lui et à l'étranger. On le sollicite de toutes parts pour des engagements et des entrevues dans les médias. D'autres artistes lui rendent hommage en enregistrant ses chansons : Céline Dion (*Lolita*), Diane Guérin (*Le temps s'allège*), Maurane et Paul Piché (*Boule qui roule*), Marie Denise Pelletier (*J'ai quitté mon île*)…

Après cet heureux résultat moral et financier que lui vaut *Ils s'aiment*, Daniel Lavoie devient copropriétaire de la compagnie de disques Trafic avec Rehjan Rancourt. Le nouveau riche se produit au théâtre Saint-Denis, à Montréal, à l'Olympia de Paris et dans plusieurs villes européennes. Voilà que la malchance lui tombe dessus et que tout s'écroule autour de lui. Le poète n'est pas du genre à devenir homme d'affaires et à chanter le *Blues du businessman*. Attendez de connaître la suite de cette histoire et vous verrez qu'il y a toujours de la lumière au bout du tunnel.

DANIEL LAVOIE

Né Gérald Lavoie le 17 mars 1949, à Dunrea, Manitoba
(Canada)

Ce n'est qu'à l'âge de 20 ans que Gérald change de
prénom pour s'appeler Daniel. Il vit avec ses cinq frères
et sœurs dans le petit village de Dunrea jusqu'en 1971. Son
père Athanase est commerçant et sa mère Thérèse lui fait
aimer la musique classique et l'opéra dès son plus jeune âge.

Gérald apprend le piano chez les religieuses et fait ses
études chez les Jésuites, dans le but de devenir médecin ou
missionnaire. Dans la famille, on prie et on chante beaucoup : *Les cloches du hameau, Le petit mousse, Au bois du
rossignolet.* L'abbé Charles-Émile Gadbois a su propager son
œuvre de La Bonne Chanson chez tous les Franco-
Manitobains. Gérald fait partie de deux formations musicales
d'inspiration religieuse, *Spectre* et *Dieu de l'amour vous aime.*

Dans le cadre de l'émission télévisée *Jeunesse oblige*, à
Radio-Canada, il remporte le premier prix comme auteur,
compositeur et interprète, en 1967. Trois ans plus tard, il
s'amène sur la pointe des pieds à Montréal pour chanter
dans les petits cafés et les pianos-bars. Son premier album
réalisé par Gilles Valiquette, en 1974, n'obtient pas les résultats voulus. Par contre, sa chanson *J'ai quitté mon île* connaît
d'excellents lendemains en France, au Brésil et au Portugal.
Après une modeste tournée de plus grandes salles au
Québec, Daniel Lavoie s'installe à Saint-Côme de Beauce
pour écrire son deuxième album, *Berceuse pour un lion,*
en 1977.

L'année 1979 est marquée par le lancement de son troisième album, *Nirvana bleu*, où l'on retrouve *Angelina, La danse du smatte, Boule qui roule* que l'on entend au palmarès. Il n'en faut pas plus pour que Daniel s'envole pour Paris remplir un engagement de trois semaines au Petit Montparnasse.

À son retour, Lavoie reçoit le Félix de l'interprète de l'année et enregistre deux autres albums, *Craving*, en anglais, et *Aigre-doux, how are you?*, en français. Après le théâtre Arlequin, à Montréal, le Théâtre de la ville à Paris, en 1981, la route est pavée d'or au Festival de Bourges, à Bobino, à Paris, en Belgique, en Suisse et au Québec. Tout baigne dans l'huile.

Il était temps, en 1983, que Daniel Lavoie prenne sa place, après 15 ans de travail difficile. Sa chanson *Ils s'aiment* lui ouvre toutes les portes. Copropriétaire de la compagnie de disques Trafic, il s'en donne à cœur joie dans des projets grandioses, dans lesquels il investit tout ce qu'il a gagné.

En 1986, Daniel est récipiendaire de la Médaille Jacques-Blanchet pour la qualité de son œuvre et du prix Wallonie-Québec. À Londres, il enregistre l'album *Vue sur la mer*. Deux ans plus tard, sa chanson *Je voudrais voir New York* remporte le trophée Renonciat, à la suite d'un référendum dans cinq pays francophones. Il effectue une tournée à l'Olympia de Paris et dans 21 villes européennes et termine l'année en remportant pour la deuxième fois le Félix de l'artiste s'étant le plus illustré hors du Québec et la Victoire de l'année à Paris.

En 1988, Liza Minnelli invite Lavoie à une prestigieuse émission intitulée *Liza*. Il chante *Never Been to New York* et *Whom Do You Love?* Trafic met en marché la cassette vidéo de son concert à l'Outremont. En compagnie de Sting, Michel Rivard et Brucc Springsteen, Daniel participe au spectacle d'Amnistie internationale, au Stade olympique de Montréal. Il prête son concours à plusieurs œuvres humanitaires : l'aide aux Éthiopiens frappés par la famine, la recherche sur le diabète juvénile.

En 1990, Daniel Lavoie lance l'album *Long courrier,* qui lui vaut un autre Félix et une fête en son honneur aux FrancoFolies de Montréal. Ses chansons *Jours de plaine, Le pape du rap* (avec Billy Williams), *Long courrier* (avec Maurane) sont au palmarès. D'autres albums suivront, à un rythme plus lent. Daniel s'aperçoit que sa fortune s'est volatilisée et ne cherche plus les raisons de ses déboires financiers.

Le chanteur fait ses débuts au cinéma, en 1991, dans *Le fabuleux voyage de l'ange*, de Jean-Pierre Lefebvre. Il interprète aussi le rôle du peintre Eugène Delacroix dans l'opéra rock symphonique *Sand et les romantiques*, de Catherine Lara et Luc Plamondon, qui sera joué à La Rochelle et au théâtre Saint-Denis à Montréal. Il participe à la première édition des Francofolies de Bulgarie.

Deux autres albums en anglais verront le jour en 1992, *Here in The Heart* et *Woman to Man*. Trois ans plus tard, au terme d'un long démêlé judiciaire, paraîtra enfin un nouvel album en français qui le mènera dans tous les coins du Québec. Il touche au monde de l'enfance avec ses disques *Le bébé dragon 1* et *2*. Une autre corde à son arc.

Sur ses problèmes personnels, Daniel Lavoie est très discret. On réussit à lui arracher quelques confidences : «J'ai tout perdu ce que j'avais, c'est évident que c'est plus dur qu'il y a 25 ans de recommencer. Mais je suis en santé, je sais ce que je veux. Je ne suis pas amer. Je ne veux pas nourrir la rancune. La musique a été mon plus grand refuge, elle m'a sauvé. Elle a été mon zen, ma méditation. »

D'octobre 2002 à avril 2003, Daniel joue au Casino de Paris le rôle de l'aviateur dans *Le Petit Prince*, d'après l'œuvre de Saint-Exupéry. Il trouve le temps de composer des chansons pour Bruno Pelletier, Maurane, Mireille Mathieu, Nana Mouskouri, Florent Pagny, Nolwenn Leroy. À Paris, il enregistre un nouvel album solo.

En 2003, Daniel accepte, après beaucoup d'hésitations, l'offre du cinéaste Claude Fournier de jouer le rôle de Félix Leclerc dans la télésérie controversée de Radio-Canada retraçant la vie du poète immortel. L'année suivante, il rentre au Québec pour présenter son album *Comédies humaines*, après avoir campé des rôles marquants dans Notre-Dame de Paris, plus de 500 fois, et dans Le Petit Prince. Il est resté à Paris trois mois de plus pour que son fils termine son année scolaire.

Pour tout vous dire, en résumé, sur la vie sentimentale de l'homme discret et parfois bien timide : Daniel Lavoie est marié à Louise Dubuc depuis 17 ans. Il a trois enfants, Mathieu (31 ans), Gabrielle (21) et Joseph (17). La famille habite dans une ferme à 50 km de Montréal. Louise Dubuc est aussi son éditrice et cosigne souvent les chansons de Daniel Lavoie.

À l'aube de 2006, on peut prédire que Daniel Lavoie n'a pas fini de nous étonner et de nous émerveiller avec les multiples facettes de son talent et de sa personnalité.

1988

Mademoiselle Chante le Blues

Paroles
Didier Barbelivien

Musique
Didier Barbelivien

Interprète

PATRICIA KAAS

MADEMOISELLE CHANTE LE BLUES

Y'en a qui élèvent des gosses
au fond des hlm
Y'en a qui roulent
leur bosse du Brésil en Ukraine
Y'en a qui font la noce
du côté d'Angoulême
Et y'en a même qui militent
dans la rue avec tracts
et banderoles
Et y'en a qui en peuvent plus
de jouer les sex-symbols
Y'en a qui vendent l'amour
au fond de leur bagnole

Mademoiselle chante le blues
Soyez pas trop jalouses
Mademoiselle boit du rouge
Mademoiselle chante le blues

Y'en a huit heures par jour
qui tapent sur des machines
Y'en a qui font la cour
masculine féminine
Y'en a qui lèchent les bottes
comme on lèche des vitrines
Et y'en a même
qui font du cinéma,
qu'on appelle Marilyn

Mais Marilyn Dubois
s'ra jamais Norma Jean
Faut pas croire que l'talent
c'est tout c'qu'on s'imagine

Elle a du gospel dans la voix
et elle y croit

Y'en a qui s'font bonne sœur,
avocat, pharmacienne
Y'en a qui ont tout dit
quand elles ont dit je t'aime
Y'en a qui sont vieilles filles
du côté d'Angoulême
Y'en a même qui jouent
les femmes libérées
Petit joint et gardénal
qui mélangent vie en rose
et image d'Épinal
Qui veulent se faire du bien
sans jamais s'faire du mal

© Back to Paris Music Sarl

144

MADEMOISELLE CHANTE LE BLUES

1988

Didier Barbelivien est l'un des plus prolifiques auteurs de la chanson française moderne. Il en a plus de 1 400 déposées à la SACEM. Né à Paris en 1954, il grandit en Bretagne avant de s'installer avec ses parents dans la capitale. Son père signe pour lui son premier contrat d'éditions, alors qu'il n'a que 16 ans.

Pour Gérard Lenorman, Didier écrit *Et moi je chante* en 1975. C'est un excellent départ. On ne compte plus les chanteurs qui ont enregistré ses chansons. De Christophe (*Petite fille du soleil*) et Johnny Hallyday (*Elle m'oublie*) à Daniel Balavoine (*L'Aziza*)… La liste s'allonge avec Michel Sardou, Julio Iglesias, Claude François, Michèle Torr, Robert Charlebois, Sylvie Vartan, Garou…

Didier Barbelivien ne se contente pas d'être auteur et compositeur, il rêve de faire carrière comme interprète. En 1980, il s'impose avec *Elle et Elsa*. Ce n'est que dix ans plus tard qu'il connaîtra à nouveau le succès avec *À toutes les filles*, qui dépasse le million d'exemplaires. Sa plus belle chanson est sans aucun doute *Là où je t'aime*. Un vrai chef-d'œuvre !

Par chance, Barbelivien a lancé en orbite la carrière de Patricia Kaas, lorsqu'elle enregistre, en 1988, *Mademoiselle chante le blues*, un joli texte qui traînait au fond de ses tiroirs. Il en a signé les paroles et un dénommé Robert

Mehdi l'a aidé quelque peu à composer la musique. Patricia en a fait un tube instantanément. Elle ne pouvait trouver une mélodie qui lui collait mieux à la peau.

Presque tous les titres de son album *Mademoiselle chante le blues*, réalisés par Didier Barbelivien et François Bernheim, sont devenus des succès au palmarès. *Quand Jimmy dit, D'Allemagne, Elle voulait jouer, Mon mec à moi...*

> Il me parle d'aventures
> Et quand elles brillent dans ses yeux
> J'pourrais y passer la nuit
> Il parle d'amour
> Comme il parle des voitures
> Et moi j'l'suis où il veut
> Tellement je crois tout c'qu'il m'dit
> Tellement je crois tout c'qu'il m'dit
> Oh oui
> Mon mec à moi

Barbelivien a plus d'une flèche dans son carquois. C'est un touche-à-tout qui ne s'arrête jamais. Il écrit des musiques de film, notamment pour Claude Lelouch, et publie quelques ouvrages, dont un recueil de jolis poèmes, *Poetic Graffiti*, et un premier roman, *Rouge Cabriolet*.

Avec sa fiancée Anaïs, Didier signe *Vendée 93*, une fresque sur la guerre de Vendée (1793). Robert Hossein et Jean Piat participent à l'enregistrement des albums. La chanson de Barbelivien, *Les mariés de Vendée,* frise le million d'exemplaires. Parmi les plus beaux souvenirs de sa vie auprès de ses interprètes, Barbelivien souligne que sa rencontre avec Patricia Kaas a été un élément déclencheur qui lui a permis de réaliser bien des rêves.

PATRICIA KAAS

Née le 5 décembre 1966, à Forbach, Moselle (France)

*P*endant que son père bosse à la mine de Forbach, sa mère, Ingmard, d'origine allemande, encourage sa fille à chanter les refrains à la mode d'Édith Piaf, Dalida et Michèle Torr, au sein de sa famille et dans les bals populaires du quartier. À six ans, elle danse frénétiquement sur les chansons de ses idoles Claude François et Annie Cordy. Adolescente, elle n'aime pas l'école et rêve de devenir dessinatrice de mode.

À 13 ans, Patricia est engagée dans un cabaret de Sarrebrück, en Allemagne, près des frontières de la France. Elle chante avec justesse et beaucoup d'intensité *New York, New York, Cabaret, Just a Gigolo, Lili Marlene*. Par l'intensité de ses yeux bleus, tout porte à associer Patricia Kaas à l'inaccessible beauté fatale Marlene Dietrich.

En 1982, Patricia monte à Paris et enregistre son premier 45-tours, *Jalouse*, produit par Gérard Depardieu, avec des paroles de son épouse Elisabeth et une musique de François Bernheim. L'année suivante, Didier Barbelivien met la carrière de Patricia sur les rails avec *Mademoiselle chante le blues*, texte destiné initialement à Nicoletta. Le jour de son 21e anniversaire, Kaas va se produire à l'Olympia, en première partie de Julie Pietri et d'Herbert Léonard.

Avec son album *Mademoiselle chante*, en 1988, Patricia s'amène aux Francofolies de La Rochelle et décroche la Victoire de la musique du meilleur espoir féminin, le prix de l'Académie Charles-Cros et l'Oscar de la SACEM. Elle est acclamée partout, en Europe et en Amérique, et donne une série de concerts à Moscou et à Saint-Petersbourg; du jamais vu depuis Édith Piaf et Yves Montand. Elle reçoit, à Montréal, le Félix de l'ADISQ pour l'artiste francophone s'étant le plus illustré au Québec.

Après le décès de sa mère adorée, en 1989, et de son père Joseph, en 1996, Patricia caresse le rêve de fonder une famille et d'avoir des enfants. Sa belle histoire d'amour avec le chanteur et producteur belge Philippe Bergman durera six ans. Les tubes s'enchaînent avec *Les hommes qui passent*. Les pièces de son album *Scènes de vie* tournent sans arrêt à la radio. Pour la troisième fois, elle reçoit la Victoire de l'album le plus importé, en 1992.

Après avoir habité Paris pendant 12 ans, la chanteuse ira vivre à Zurich, en Suisse, où elle sera plus près de ses cinq frères, de sa sœur Corine et de toute sa parenté. Un véritable clan qui s'est encore rapproché depuis la disparition de ses parents. Patricia se confie à *Paris Match* : «Si, à 40 ans, je n'ai pas eu d'enfants, je me dirai que je n'ai pas réussi ma vie.»

Absente des feux de la rampe, elle revient, en avril 1993, avec son album *Je te dis vous* sur lequel elle chante *Il me dit que je suis belle*, de Jean-Jacques Goldman, et *Je retiens mon souffle*, de Marc Lavoine. Le disque va se vendre à 2 500 000 exemplaires. Francis Cabrel et Renaud vont lui écrire d'autres tubes. En 1996, pour la deuxième année, elle est élue la meilleure artiste française au World Music Award de Monaco.

Patricia continue de sillonner les routes du monde, notamment au Japon, au Mexique et au Liban, en Corée du Sud et en Finlande. Elle accumule les succès avec ses albums *Dans ma chair, Tour de charme, Le mot de passe, Carnets de scène.* En 2001, sa compilation *Rien ne s'arrête* se vend comme des petits pains, après un triomphe au Palais des Congrès de Paris.

L'année suivante, elle cause toute une surprise pour son rôle de chanteuse écorchée, dans le film de Claude Lelouch : *And now... ladies and gentlemen.* Sur son album *Piano-bar*, elle chante *La mer* et *Que reste-t-il de nos amours?*, de Charles Trenet, *Ne me quitte pas* de Jacques Brel et la chanson de Pierre Delanoë et Gilbert Bécaud : *Et maintenant.*

Patricia est aussi à l'aise en français qu'en allemand et en anglais. Après une tournée triomphale dans les grandes villes américaines, elle est de retour au printemps 2003 à la Place des Arts de Montréal, après d'autres passages au Théâtre Saint-Denis et au Centre Molson, devenu le Centre Bell. Dans les prestigieuses émissions de télévision, la vedette internationale défend avec son talent et sa beauté la belle chanson française. Elle n'a pas fini de nous émerveiller.

Patricia Kaas ne fait pas que chanter et vendre des millions d'albums de toutes sortes. À maintes reprises, elle a prouvé qu'elle avait du cœur en épousant plusieurs causes humanitaires. Elle n'a pas hésité présenter gratuitement un concert devant 30 000 personnes à Tchernobyl, en Ukraine. On se souvient que cette ville avait été dévastée, le 25 avril 1986, par un terrible accident nucléaire. À la mémoire des milliers de victimes décédées, au moment de la catastrophe et plus tard, elle a voulu apporter son soutien et son témoignage.

En 2005, Patricia Kaas a 39 ans, elle n'a pas encore eu d'enfants. Son grand rêve se réalisera-t-il un jour?

Lancée au printemps 2004 à l'Île de la Réunion, la tournée mondiale des 150 concerts de Patricia Kaas s'est arrêtée à Montréal et à Québec à l'automne 2005. Partout, en Chine, en Europe de l'Est, en Afrique du Nord, aux États-Unis, elle a fait connaître les succès de ses deux derniers albums, *Sexe fort* et *Toute la musique*.

Lorsqu'elle s'éclipse quelques mois des feux de la rampe, on sait bien que ce n'est que pour revenir, avec encore plus de fougue, comme ce fut le cas lors du grand spectacle télévisé marquant les 20 ans du *Zénith* à Paris, en septembre 2005.

1989

HÉLÈNE

Paroles
Roch Voisine

Musique
Roch Voisine
Stéphane Lessard

Interprètes
Richard Abel
Québecissime

ROCH VOISINE

HÉLÈNE

Seul sur la plage
Les yeux dans l'eau
Mon rêve était trop beau
L'été qui s'achève, tu partiras
À cent mille lieues de moi
Comment oublier ton sourire
Et tellement de souvenirs

Nos jeux dans les vagues
près du quai
Je n'ai vu le temps passer
L'amour sur la plage désertée
Nos corps brûlés, enlacés
Comment t'aimer
si tu t'en vas
Dans ton pays loin là-bas

Hélène things you do
Make me crazy 'bout you
Pourquoi tu pars, reste ici
J'ai tant besoin d'une amie

Hélène things you do
Make me crazy' bout you
Pourquoi tu pars loin
de moi
Là où le vent te porte
Loin de mon cœur qui bat...

Hélène things you do
Make me crazy' bout you
Pourquoi tu pars, reste ici
Reste encore juste une nuit

Seul sur le sable
Les yeux dans l'eau
Mon rêve était trop beau
L'été qui s'achève, tu partiras
À cent mille lieues de moi
Comment t'aimer
si tu t'en vas
Dans ton pays loin là-bas
(bis)
Dans ton pays loin de moi

HÉLÈNE

1989

Quand une femme lui plaît, Roch Voisine met tout en œuvre pour lui faire la cour. Il aime offrir des fleurs et de bons chocolats, téléphoner à n'importe quelle heure, envoyer des mots tendres et préparer à l'avance des sorties au cinéma et au restaurant. Ce qui ne veut pas dire qu'il gagnera à tout coup le cœur de l'être convoité.

Roch Voisine s'est barricadé chez lui, en 1986, pour écrire la première version française et parachever la musique d'*Hélène*. Il fignole, deux ans plus tard, les paroles de cette chanson cosignée par Stéphane Lessard qui a prêté main-forte à l'organisation de Roch jusqu'à la fin de 1989. Les diamants ou les perles de cette année-là vont aussi à la chanson *Les yeux du cœur* (Gerry Boulet), *Mademoiselle chante le blues* (Patricia Kaas), *Tous les cris les s.o.s.* (Daniel Balavoine, Marie Denise Pelletier), *Repartir à zéro* (Joe Bocan).

Un jour, Stéphane Lessard, tout en émoi, rencontre Roch Voisine pour lui raconter qu'il est l'homme le plus malheureux de la terre. Sa petite amie vient de le quitter pour des horizons lointains. Pour le consoler de cette peine d'amour, Roch griffonne sur-le-champ les prémices d'*Hélène* en anglais. Il encourage son copain en lui disant que la même chose lui était arrivée lorsque sa belle Américaine, Carlyn, était repartie dans son pays sans aucun avertissement.

Roch croyait dur comme fer qu'il ne tomberait jamais plus amoureux fou, occupé à bâtir sa nouvelle carrière de chanteur. Il ne faut jamais jurer de rien sur sa vie sentimentale. Plus tard, quand Roch entre dans un petit «Dairy Queen» à Ottawa, il ne se doute pas qu'il sortira foudroyé par le charme et la beauté de la serveuse Nadine, étudiante en lettres à l'université et professeure d'aérobie pour payer ses études.

Entre Roch et Nadine, l'amour vient de naître avec ses premiers élans et tout ce qui s'ensuit. Pendant plusieurs mois, le beau couple romantique va vivre une passion déchirante. Un petit matin nuageux, elle est partie d'Ottawa sans laisser d'adresse, sinon une petite carte remise au gardien de l'immeuble.

Comme d'habitude, Roch s'amène chez Nadine à la tombée du jour. Il sonne en vain à la porte de sa bien-aimée. Affolé, Roch ouvre l'enveloppe que le concierge vient de lui remettre. Il n'en croit pas ses yeux lorsqu'il lit ces quelques mots : «Mon rêve était trop beau. Adieu! J'ai trop peur.» Nadine a choisi de fuir et de laisser son prince charmant filer vers son destin. Depuis, la chanson *Hélène* s'est répandue dans toute la francophonie à dix millions d'exemplaires.

ROCH VOISINE

Né le 26 mars 1963, à Edmundston,
Nouveau-Brunswick (Canada)

C'est à Saint-Basile, au Nouveau-Brunswick, petit village situé à la frontière de l'État américain du Maine, que grandit Roch Voisine aux côtés de son frère Marc, de sa sœur Janice et de ses parents Zélande et Réal, professeurs d'anglais. Ses grands-parents acadiens, Dorina et Maurille Voisine, dont les ancêtres français viennent de Châtellerault, dans le Poitou, assureront pendant plusieurs années la garde et l'éducation de Roch.

Dès l'âge de sept ans, il chante en anglais et en français dans la chorale paroissiale et connaît par cœur les refrains à la mode comme *Wight is Wight* et *Pour un flirt*, de Michel Delpech. Il peut aussi vous raconter l'histoire d'*Évangéline*, de Longfellow, sur la déportation des Acadiens en 1755. À 12 ans, Roch n'a qu'une idée en tête : devenir joueur de hockey professionnel. La famille va s'installer à Notre-Dame-du-Lac, au Québec, où son père se fera élire maire de la municipalité francophone.

C'est avec la guitare de son frère Marc que Roch met en musique ses premiers écrits, dans la langue de Shakespeare. Alors qu'il travaille durant ses vacances sur un terrain de camping, le jeune professeur de natation fredonne sans arrêt les rengaines d'Elvis Presley, surtout *Love me tender*.

Après ses études secondaires au Cégep de Limoilou, où il joue au hockey pour les Titans, il entre à l'Université d'Ottawa en éducation physique et fait sa marque avec l'équipe des *Gee Gees*. Le cœur de Roch va battre pour la belle Américaine Carlyn à l'été 1979. Il lui écrit *Waiting*, qui deviendra plus tard un énorme succès en France.

C'est la mort dans l'âme que Roch Voisine réalise qu'il ne pourra pas devenir champion au hockey. Un accident entraînant la déchirure d'un ligament du genou le force à mettre fin à ses rêves. Arrivé au faîte de sa gloire comme chanteur, Roch refusera de parler de sa blessure. Ses proches disent qu'il abandonnerait tout pour redevenir le super-joueur d'une équipe professionnelle.

En mars 1991, Patrick Sabatier avait fait venir en cachette l'équipe au grand complet des *Gee Gees* d'Ottawa sur le plateau de *Tous à la une*. Le clou du spectacle, c'est qu'ils avaient chanté *Hélène* à leur coéquipier Roch, complètement ébahi par la surprise.

Comment Roch Voisine en est-il venu à la chanson? C'est en 1984 qu'il rencontre l'animateur de radio montréalais Paul Vincent, oncle de Stéphane Lessard, ailier gauche des Remparts de Québec, guitariste à ses heures et fidèle ami de Roch. Paul Vincent remue ciel et terre pour lancer son poulain et trouver l'argent nécessaire à l'enregistrement d'un premier disque sur lequel on retrouve *La vie en rose,* d'Édith Piaf. Un deuxième album de Roch, incluant *Hélène*, paraît en 1989 ; le succès n'est toujours pas au rendez-vous.

Roch Voisine prend son envol comme animateur à la télévision, en 1988, mais surtout comme comédien dans la télésérie *Lance et compte*, qui deviendra *Cogne et gagne* en France. Il tient le rôle de Dany Ross, excellent joueur de hockey de Saint-Boniface, au Manitoba. Le bel athlète a la chance d'y interpréter *Hélène* qui remporte aussitôt le Félix de l'année. Cette fois, Roch Voisine est vraiment né.

Après une tournée triomphale au Québec, Roch s'envole pour la France, où sa chanson *Hélène* est en haut de tous les palmarès et dépasse le million d'exemplaires. Il reçoit des mains de Carole Laure la Victoire de la musique, alors qu'il tient l'affiche au Zénith, en avril 1990. Au Stade de Bercy, en février 1991, il fait un tabac avec *Hélène*, mais aussi avec *Avant de partir, Pourtant, Darling, La berceuse du petit diable.*

C'est ensuite la grande tournée européenne qui conduira Roch à Monaco, Avignon, Besançon, Neuchâtel et Lausanne (en Suisse), Saint-Étienne, Épinal, toutes les grandes villes de Normandie et de Bretagne. À Bruxelles (en Belgique) tout comme sur la Côte d'Azur, c'est la «folie Voisine» qui se déchaîne. Roch fait ses adieux à la France en chantant *Bye-bye*, le 15 avril 1991, à Rouen. On lui fait une fête à tout casser. On l'attend au Forum de Montréal et dans les salles importantes du Québec.

Le public craque pour ce beau grand jeune homme, athlétique et à la voix ensorcelante. Partout où il passe, on achète à gros prix vestons de cuir, chandails, casquettes ou autres produits dérivés à l'effigie de la vedette. À la télévision, dans toutes les grandes émissions, Roch crève l'écran avec sa simplicité, son apparence et son élocution.

Roch a toutefois le triomphe modeste lorsque le ministre de la Culture, Jack Lang, le nomme Chevalier des Arts et Lettres de France, en 1992. Il n'en fallait pas plus pour que les Américains s'intéressent au phénomène. Roch tourne à Hollywood dans la minisérie *Armen & Bullock* aux côtés de Mike Connors.

Lorsque l'artiste s'installe à Beverly Hills, Californie, en 1995, c'est avant tout pour s'y reposer et faire le bilan de sa vie professionnelle et amoureuse. Il travaille sur son album *Kissing Rain* et adapte en anglais le grand succès de Francis Cabrel *Je l'aime à mourir* qui devient *Until Death Do us Part.*

Après la mort de son gérant Paul Vincent, en 1997, Roch Voisine décide de tout reprendre en main et de donner une nouvelle orientation à sa carrière sur le plan international, surtout du côté américain où la partie n'est pas encore gagnée. Il reprend alors contact avec le public québécois en se produisant au Centre Molson à Montréal.

À 35 ans, le beau chanteur continue d'alimenter la presse du cœur. Dans *France Dimanche* et *Ici Paris*, on parle d'une rupture avec la comédienne Valérie Valois et d'une nouvelle liaison (qui durera cinq ans) avec la belle Kimberley Bemis. À la surprise générale, Roch Voisine convole en justes noces le 21 décembre 2002, avec Myriam Saint-Jean, en l'église Saint-Viateur d'Outremont, à Montréal. Elle a 23 ans et lui 39. Il s'était juré de se marier avant d'atteindre 40 ans.

Après un treizième album, dont le sixième en anglais *Higher* produit à Londres et à Los Angeles, Roch Voisine a fait le tour du Canada avant de s'arrêter au Casino de Montréal, en février 2003. Le succès est toujours le même. Roch consacre plus de temps à sa vie de couple. De la belle *Hélène* à la jeune Myriam, il n'hésite pas à parler d'avenir et de son rôle de papa choyé par la vie.

Quand les lumières de la rampe s'éteignent, Roch l'idole redevient aussitôt Roch le trappeur, pêcheur, patineur et champion du tir à l'arc de son Nouveau-Brunswick natal et de son Québec d'adoption. Son aisance parfaite dans les deux langues vont permettre à Roch de conquérir le monde et d'écrire d'autres merveilleuses chansons.

CHANTE-LA TA CHANSON

Gilbert Bécaud

ANNEXE

1952

N'OUBLIE JAMAIS

Paroles : René Rouzaud   Musique : Louis Ferrari

Tous les oiseaux chantaient
ce jour-là
Ça sentait bon
les premiers lilas
Et ce printemps
qui dansait partout
C'était pour nous
C'était pour nous
Rien que pour nous
Qu'en ce beau jour
Tous les rêves d'amour
Se donnaient rendez-vous

(Refrain)

N'oublie jamais
Le jour où l'on s'est connu
Si tu l'oubliais
Mon bonheur serait perdu
J'avais mon bras
Qui s'appuyait sur ton bras
Et le ciel de mai
Semait des bouquets
De rêves
Un ciel si bleu
Je n'en croyais pas
mes yeux
J'avais peur que tant de joie
Soudain s'achève

Et pour la première fois
J'ai compris combien
je t'aimais
N'oublie, n'oublie jamais.

Je l'espérais depuis tant
de jours
Qu'en découvrant un
si bel amour
Je me disais le cœur
éperdu :
«Où l'ai-je vue»?
C'était bien toi
C'était bien toi
Qui chaque nuit
En mon rêve ébloui
Revenais chaque fois

(Au refrain)

1954

MON CŒUR EST UN VIOLON

Paroles et musique : Auguste Miarka,
Jean Richepin

Mon cœur est un violon
Sur lequel ton archet joue
Et qui vibre tout du long
Appuyé contre ta joue
Tantôt l'air est vif et gai
Comme un refrain de folie
Tantôt le son fatigué
Traîne avec mélancolie

Dans la nuit qui s'achève
Mon cœur est plein de toi
La musique est un rêve
Qui vibre sous tes doigts
Sous tes doigts la caresse
Rend mon désir si fort
Qu'il va jusqu'à l'ivresse
Et meurt à la fin de
l'accord

Mon cœur est un violon
Sur lequel ton archet joue
Et qui vibre tout du long
Appuyé contre ta joue
Tantôt l'air est vif et gai
Comme un refrain de folie
Tantôt le son fatigué
Traîne avec mélancolie

Et vibrant à l'unisson
Mon cœur est un violon...

1954

LES TROTTOIRS

Paroles et musique : Raymond Lévesque

Avez-vous r'marqué
sur les trottoirs
Les petits enfants s'amusent
Avez-vous r'marqué
sur les trottoirs
Les grands passent
et les usent
Avez-vous r'marqué
sur les trottoirs
Les petits enfants
font des rondes
Mais les gens pressés
n'ont pas d'mémoire
Et les arrêtent et les grondent
Avez-vous r'marqué
sur les trottoirs
Les p'tites filles jouent
à la mère
Et les p'tites poupées,
sans le savoir
Ont un père à la guerre
Car sur les perrons,
de p'tits soldats
Se livrent dure bataille
Mais ça n'dure pas long
quand un soldat
Tombe su'l'derrière
et puis braille

Avez-vous r'marqué
sur les trottoirs
Les petits enfants
se racontent

Toutes improvisées
de belles histoires
Qui valent au moins bien
des contes
Quelquefois, des grands
dans l'auditoire
Ridiculisent leur prose
Ce n'sont pas les grands,
vous pouvez m'croire
Qui sauraient faire
la même chose
Avez-vous r'marqué
sur les trottoirs
Quand on regarde là-haut
On peut voir briller
dans toute sa gloire
Le ciel et son flambeau
Mais les grands qui passent
sur les trottoirs
Ne voient même plus
la lumière
Car les grands qui passent
sur les trottoirs
Regardent toujours par terre

C'est pourquoi, mon Dieu,
je vous demande
Si cela est dans votre vue
C'est pourquoi, mon Dieu,
je vous demande
Que les grands marchent
dans la rue

1959

UNE PROMESSE

Paroles : Guy Godin   Musique : André Lejeune

À celui qui en veut
à toutes choses heureuses
Et caresse avec joie
les malheurs qu'il provoque
Se riant bêtement
des abîmes qu'il creuse
Et ne sachant trop plus
ce qui fait rire ou choque

À celui-là, je dis :
il est une promesse
Une fleur d'amour
un sourire d'enfant
Logés au cœur même
de ton âme en détresse
Sois heureux du soleil
et des nuages autour...

À celui qui au cœur
ne garde nulle place
Aux joyeux souvenirs
que notre enfance crée
Aucun tendre remords
nul accord de guitare
Nous faisant souvenir
qu'on a déjà aimé
À celui-là, je dis :
il est une promesse
Une fleur d'amour
un sourire d'enfant

Logés au cœur même
de ton âme en détresse
Sois heureux du soleil
et des nuages autour...

Sois heureux du maçon
qui travaille la pierre
Sois heureux de la fille
qui est faite pour aimer
Sois heureux de l'oiseau
qui vole pour sa misère
Autant que pour sa joie
et ne sait que chanter...

1963

L'ÉCOLE EST FINIE

Paroles : André Salvet   Musique : Claude Carrère
Jacques Hourdeaux

Donne-moi ta main
et prends la mienne
La cloche a sonné
ça signifie
La rue est à nous
que la joie vienne
Mais oui mais oui
l'école est finie

Nous irons danser ce soir
peut-être
Ou bien chahuter tous
entre amis
Rien que d'y penser
j'en perds la tête
Mais oui mais oui
l'école est finie

Donne-moi ta main
et prends la mienne
La cloche a sonné
ça signifie
La rue est à nous
que la joie vienne
Mais oui mais oui
l'école est finie

J'ai bientôt dix-sept ans
un cœur tout neuf
Et des yeux d'ange

Toi tu en as dix-huit
mais tu en fais dix-neuf
C'est ça la chance

Donne-moi ta main
et prends la mienne
La cloche a sonné
ça signifie
La rue est à nous
que la joie vienne
Mais oui mais oui
l'école est finie

Donne-moi ta main
et prends la mienne
Nous avons pour nous
toute la nuit
On s'amusera
quoi qu'il advienne
Mais oui mais oui
l'école est finie

Au petit matin
devant un crème
Nous pourrons parler
de notre vie
Laissons au tableau
tous nos problèmes
Mais oui mais oui
l'école est finie

1967

LA BOÎTE À CHANSONS

Paroles et musique : Georges Dor

Une boîte à chansons
C'est comme une maison
C'est comme un coquillage
On y entend la mer
On y entend le vent
Venu du fond des âges

On y entend battre
les coeurs à l'unisson
Et l'on envoie toutes
les couleurs de nos chansons
(bis)

Un mot parmi les hommes
Comme un grand feu
de joie
Un vieux mot qui résonne
Un mot qui dirait tout
Et qui ferait surtout
Que la vie nous soit bonne

C'est ce vieux mot
que je m'en vais
chercher pour toi
Un mot de passe
qui nous ferait
trouver la joie (bis)

Irai-je jusqu'à vous
Viendrez-vous jusqu'à moi
En ce lieu de rencontre
Là où nous sommes tous
Jouant chacun pour soi
Le jeu du pour ou contre

Tu entendras battre
mon cœur et moi le tien
Si tu me donnes ta chaleur
moi mon refrain (bis)

1973

LE PLUS BEAU VOYAGE

Paroles : Claude Gauthier   Musique : Yvan Ouellet
                                             Claude Gauthier

J'ai refait le plus beau
voyage
De mon enfance
à aujourd'hui
Sans un adieu,
sans un bagage
Sans un regret ou nostalgie

J'ai revu mes appartenances
Mes trente-trois ans et la vie
Et c'est de toutes
mes partances
Le plus heureux flash
de ma vie!

Je suis de lacs et de rivières
Je suis de gibier, de poissons
Je suis de roches
et de poussières
Je ne suis pas
des grandes moissons
Je suis de sucre
et d'eau d'érable
De Pater Noster, de Credo

Je suis de dix enfants
à table
Je suis de janvier sous zéro

Je suis d'Amérique
et de France
Je suis de chômage et d'exil
Je suis d'octobre
et d'espérance
Je suis une race en péril
Je suis prévu
pour l'an deux mille
Je suis notre libération
Comme des millions
de gens fragiles
À des promesses d'élection
Je suis l'énergie qui s'empile
D'Ungava à Manicouagan

Je suis Québec mort
ou vivant!

1974

BRAVO, MONSIEUR LE MONDE

Paroles : Michel Fugain   Musique : Pierre Delanoë

Bravo, Monsieur le monde
Chapeau, Monsieur
le monde
Même quand les gens
diront
Que vous ne tournez pas
toujours très rond

Bravo, pour vos montagnes
C'est beau, c'est formidable
Compliments pour
vos saisons
Qui nous donnent des idées
de chansons

Bravo, la mer
On n'a jamais trouvé
un vert plus bleu
Un bleu plus vert
Aucune symphonie
N'est riche d'autant
d'harmonie
Qu'un merveilleux
tonnerre
Qui fait l'amour
avec la pluie

Bravo, le vent
Qui fait ramper les blés
Qui fait trembler les océans

Bravo pour le soleil
Et la colère du volcan
Bravo pour l'arc-en-ciel
Qui met de la joie
dans le cœur d'un enfant

Bravo, Monsieur le monde
Chapeau, Monsieur
le monde
Nous vous demandons
pardon
Pour tous ceux
qui vous abîmeront

Bravo, Monsieur le monde
Bravo, pour la colombe
Si vous lui laissez la vie
Nous vous dirons
simplement merci

1982

D'AMOUR ET D'AMITIÉ

Paroles et musique : Eddy Marnay,
J. P. Lang et R. Vincent

Il pense à moi, je le vois,
je le sens je le sais
Et son sourire ne ment pas
quand il vient me chercher
Il aime bien me parler
des choses qu'il a vues
Du chemin qu'il a fait
et de tous ses projets

Je crois pourtant
qu'il est seul
et qu'il voit d'autres filles
Je ne sais pas
ce qu'elles veulent
ni les phrases qu'il dit
Je ne sais pas où je suis
quelque part dans sa vie
Si je compte aujourd'hui
plus qu'une autre pour lui

(Refrain)

Il est si près de moi
pourtant je ne sais pas
Comment l'aimer,
lui seul peut décider
Qu'on se parle d'amour
ou d'amitié
Moi je l'aime
et je peux lui offrir ma vie

Même s'il ne veut pas
de ma vie
Je rêve de ses bras oui
mais je ne sais pas
Comment l'aimer,
il a l'air d'hésiter
Entre une histoire d'amour
ou d'amitié
Et je suis comme une île
en plein océan
On dirait que mon cœur
est trop grand

Rien à lui dire, il sait bien
que j'ai tout à donner
Rien qu'un sourire
à l'attendre
a vouloir le gagner
Mais quelles sont tristes
les nuits
Le temps me paraît long
Et je n'ai pas appris
À me passer de lui

(Au refrain)

1988

LES YEUX DU CŒUR

Paroles : Jean Hould   Musique : Gerry Boulet

Encore une nuit blanche
Passée sur les planches
À tenter la romance
Au bal des mal-aimés
J'ai vu la solitude danser
Avec un vieux rêve oublié
Et puis, sur le coup
de minuit
Ensemble, ils sont partis...

(Refrain)

Aujourd'hui je vois la vie
Avec les yeux du cœur
J'suis plus sensible
à l'invisible
À tout ce qu'il y a
à l'intérieur
Aujourd'hui je vois la vie
Avec les yeux du cœur
Les yeux du cœur

Ensemble ils sont partis
La fête a continué
J'ai vu le soleil briller
Au fond des cœurs blessés
Il y a de l'espoir caché
Dans les yeux
des mal-aimés

J'ai vu le soleil briller
Et j'ai laissé mon cœur
parler...

(Au refrain)

REMERCIEMENTS

Nous remercions grandement tous les éditeurs détenant les droits de reproduction des chansons et des photos paraissant dans cet ouvrage ainsi que les artistes qui, dans certains cas, ont bien voulu nous autoriser à reproduire les paroles de leurs chansons.

Si, malgré nos recherches et démarches intenses, ce livre contenait des mélodies n'appartenant pas au domaine public et pour lesquelles nous n'aurions pu obtenir d'autorisation, nous prions les ayants droit de nous excuser et leur demandons de nous signaler toute omission involontaire.

L'éditeur

Un grand merci à toute l'équipe dynamique des Éditions Goélette pour son appui indéfectible. Nous avons pu compter sur l'aide d'autres excellents collaborateurs : Marc Savoy, Jean Couillard, Alain Brouillard, Jean-Maurice Racicot, Pierre Tardif, Robert Brouillard.

L'auteur

TABLE DES MATIÈRES